POLIEXPRESION

~~o la des-integración de las formas~~

en / desde

La nueva novela de Juan Luis Martínez

Jorge Rosas Godoy

POLIEXPRESION

~~o la des-integración de las formas~~

en / desde

La nueva novela de Juan Luis Martínez

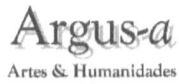
Artes & Humanidades

Argus-*a*
Artes y Humanidades / Arts and Humanities
Buenos Aires - Los Ángeles
2016

POLIEXPRESION

~~O la des-integración de las formas~~ en / desde

La nueva novela de Juan Luis Martínez

ISBN 978-1-944508-04-3

Diseño de tapa: Vania Bilen

© 2016 Jorge Rosas Godoy

All rights reserved. This book or any portion thereof may not be reproduced or used in any manner whatsoever without the express written permission of the publisher except for the use of brief quotations in a book review or scholarly journal.

Editorial Argus-*a*
16944 Colchester Way,
Hacienda Heights, California 91745
U.S.A.

Calle 77 No. 1976 – Dto. C
1650 San Martín – Buenos Aires
ARGENTINA
argus.a.org@gmail.com

A Dios.

A Gloria, mi esposa.

A mis hijos María Paz, Matías Jesús y Valeria Lucía por el amor y la oportunidad que siempre me brindan para desarrollar mis talentos.

También a la UCSC que me permitió indagar en estas lides, adjudicando el proyecto DIN12/2011, que es la base de este libro.

J. R. G.

POLIEXPRESION o la des-integración de las formas

INDICE

Presentación   i

Introducción   1

I. Nuevas formas: Una aproximación al problema literario   3

1. Problematización   3

2. Aproximación crítica al canon   5

3. Antecedentes   8

4. El canon y la desintegración de las formas   11

II. ¿Una como condición posmoderna…la literatura chilena actual? [dominante cultural]   17

1. Vanguardia poética   19

2. Aproximación a la vanguardia chilena   24

3. Neovanguardia poética   29

III. Periodización autoral: Una aproximación…   33

1. Algunos antecedentes   33

2. Algunas aportaciones   42

3. Otros contornos sobre periodización: aproximaciones

   contextuales a Martínez   54

   3.1. Extraliteraria   54

   3.2. Intraliteraria   56

4. Una aproximación conclusiva   59

IV. Poliexpresión: una construcción estética   63

1. Construcción estética poliexpresiva   63

2. Arrimo polimodal   65

V. Mudanza martiniana... [y/o des-integración

de las formas]   73

VI. Una mirada desde *La nueva novela* de Juan

Luis Martínez: Vicuña, Bertoni, Zurita y Maquieira   89

1. Expansión y reflexividad del significante   89

2. Textualización metafórica o poetización   92

A. En Vicuña, Cecilia   94

B. En Bertoni, Claudio   102

C. En Maquieira, Diego   108

POLIEXPRESION o ~~la des-integración de las formas~~

D. En Zurita, Rául   113

3. Ficcionalización y/o manipulación

de las nuevas realidades   123

4. Competencia literaria y poliexpresión   130

4.1. Consideraciones generales   130

4.2. Competencia como poliexpresión literaria   137

5. Dominante genológica [o del género literario]   146

5.1. Genericidades   148

5.2. Componentes de mediación artística   152

Conclusiones   157

A guisa de especificidades innegables   162

Bibliografía   165

Lincografía   174

POLIEXPRESION o ~~la des-integración de las formas~~

Presentación (a modo de prólogo)

En alguna medida he sido perseguido por la idea de indagar cada vez más acerca de la literatura chilena de neo vanguardia o post '73, y no porque sea comunista o izquierdoso, sino todo lo contrario, soy Católico y por lo tanto los valores de la dignidad humana están antes que cualquier cosa y en esta época se vieron disminuidos y reflejados en toda acción ciudadana y muy importantemente en la creación artística, ya que toda obra de arte se corresponde con su época. Tal es así que el prisma que se abre ante estos ojos y oídos, además de la conciencia, son la búsqueda de la verdad mediante la cercanía etaria de mi historia personal y social como de la creación estética de la época, que implicó un código diferenciador, ya sea por la irrupción de una nueva realidad o por el *interruptus* del *continuum* estético-literario y cultural. Esta evolución sociocultural, estética y semiológica del arte nos hizo ver una obra compleja, como situando la complejidad de la época en ella, sin embargo, ella misma, la obra, buscaba formas nuevas en su propio *continuum* cuando se vio enfrentada a esta otra nueva realidad, tanto de agitación histórica como de condición posmoderna, pues no sólo había impresión ideológica en ellas, sino que también traumas y bifurcaciones comunicativas básicas, como por ejemplo censura y autocensura que incidían notablemente en la producción de un lenguaje, que de inmediato se sumió en la diversidad casi inasible del español común, dado la natural articulación entre los años 1961 a 1981, con especial y forzado énfasis entre los años '71 y '81, ya que es aquí donde se produce la mayor desazón del lenguaje. De tal manera, que aquí confluyen el *continuum* literario, el quiebre institucional que ya no daba para más y que deviene medio barroco, neo barroco y/o posmoderno, como también, en algunas obras de arte, se representa muy potentemente, el socio-político. Todo ello en toda América latina, en toda Nuestra América, en la Gran Patria en la que estaba sucediendo este nuevo movimiento sociocultural. Pero el más terrible de todos los quiebres fue el producido por las dictaduras, siendo la nuestra, una de las últimas y la más agravante, según los dos Informes que lo avalan, el Rettig (1991) y el Valech (2011). De tal manera, que toda esta realidad incidió en la producción estética de la época y provocó para nosotros una problematización, la cual se intentará descubrir aquí, o por lo menos, aproximarnos, pues esta problematización da origen a una posible explicación de las nuevas formas de arte.

Empero en el arte, las formas, más bien, no se agotan en sí, sino que se desarrollan con ahínco, a veces, y con calma estética otras. Y este es el caso que presentamos aquí, el de Martínez, Juan Luis Martínez, quien no sólo produjo arte, sino una estética que recoge estos quiebres históricos, pero sin uno imperioso como en otros artistas, sino que él los reúne, consciente o no, para llamarnos la atención sobre el modo en que debemos vivir el arte, la vida, en definitiva, de modo más ético y humano. Es por esto que los recursos que utiliza nos llevan a diferentes mundos posibles desde disímiles modos, que a su vez son holísticos, poliexpresivos, holónicos, más bien, gulliverianos, algo así como 'viajes por varios mundos [posibles] remotos, en cuatro partes', etc., pero que reformulan la manera de expresar el arte a través de estos mundos posibles poliexpresivos que están llenos de voluntad expresiva, más que de un artificio descriptivo, un constructo semiológico y sociocultural, cuya base es la poesía, pues sólo ella es, las demás formas expresivas la contienen, ya que el lenguaje como capacidad es omnipresente como poesía: "el lenguaje lo escribe a uno" –diría Martínez-, y por ello las artes sólo son representaciones de éste, y por lo mismo, sólo son modos que se desarrollan de distinta genericidad y que para el caso de Martínez solo serían eso, modos de decir, pues la poesía puede utilizar varios a la vez sin que cada una de ellas sea absoluto, sino más bien, *coadyuvante* de una dominante cultural mayor que es la que determina los modos de combinación estética y de realización ética.

POLIEXPRESION o ~~la des-integración de las formas~~

INTRODUCCION

En primer lugar deberemos plantearnos algunas preguntas y objetivos para poder verificar o no lo que sugerimos en este estudio: el desmontaje del canon a través de la Poliexpresión o la desintegración de las formas, mediante la ficcionalización o manipulación en /desde *La nueva novela* de Juan Luis Martínez.

Esta nueva etapa de la literatura chilena, es decir, desde el '60 en adelante, es una etapa en que se revelan los quiebres entre las generaciones del '38 y la del '50 y mientras esto ocurre, hay algunos poetas jóvenes que se insertan en esta nueva escena con nuevos bríos que 'discolocan' a los poetas mayores y que a su vez no han dejado que se integren éstos. Pero la tradición natural de una literatura, vigorosa en nuestro caso, se impone más temprano que tarde. Y especialmente usando los caminos de la antipoesía que allanaron bastante el camino de esta nueva visión de mundo, en donde la escritura se presentaba más directa, más clara y problematizadora de la realidad poética desde la social, de modo más desafiante; por lo tanto, generaba nuevos espacios de articulación del lenguaje y de la expansión del significante, además de una decidida ficcionalización y textualización, al mismo tiempo que, por cierto, ocurre una constante pérdida epistemológica del plano de composición de una obra literaria que raudamente se va convirtiendo en un sistema semiótico complejo y de difícil diseño retórico (si es que le podemos llamar así), alejándose cada vez más de la episteme de la literaturiedad y la dominante del signo lingüístico. Entonces en estos términos, lo único que nos queda por hacer es preguntarnos si ¿Juan Luis Martínez propone una nueva verdad-estética[1], una estética de los nuevos tiempos de la poesía chilena actual subvirtiendo el discurso y la historia, el lenguaje y la forma, la construcción y la de(s)construcción, incluso del contexto histórico-social-cultural de la tradición poética chilena y que se manifiesta en un texto de condición postmoderna o desmontaje del canon? Y esta es la pregunta fundamental para poder entender el supuesto de que Martínez subvierte el canon. Para ello, evidentemente, en primer lugar, habrá que problematizar el desmontaje del canon a la luz de la ruptura epistemológica provocada por *La nueva novela* de Juan Luis Martínez y posteriormente reconocer los rasgos de este posible desmontaje del canon en la manifestación artístico-cultural de la literatura chilena actual en la poesía primera de Vicuña, Bertoni, Zurita y Maquieira. En consecuencia, valorar la poética de la época en la evolución y/o subversión estética de la poesía chilena desde/con/próxima a *La nueva novela* de Juan Luis Martínez.

Se desprende entonces, una especie de conclusión adelantada o premisa en donde se aprecia una similitud en el canon estético martiniano tanto en las manifestaciones artístico-culturales en la literatura chilena como en la poesía 'primera' de Vicuña, Bertoni, Zurita y Maquieira.

---

[1] La obra de arte literario es una verdad estética en oposición a la verdad científica, religiosa, etc.

POLIEXPRESION o ~~la des-integración de las formas~~

I.   Nuevas formas...
[Una aproximación o revisión crítica del canon literario chileno]

1. Problematización.

Lo primero que deberemos abordar es la problematización que nos genera el pensar, el esbozar que, por una parte, *La nueva novela* de Juan Luis Martínez, plantea una nueva forma de leer la literatura chilena y junto con ella una inquietud respecto de la forma y por lo tanto del canon literario de la época y del actual. Y por otra, que la obra es de difícil lectura, pues para ello no sólo hay que tener un gusto por ella sino que, además, hay que tener una formación sistemática o saber enciclopédico como le llaman algunos y, por cierto, indiscutibles habilidades y destrezas que no todos poseemos para recepcionarla e interpretarla y ponerla en común con el otro. A ello se agrega que la tradicional forma estética de la escritura es subvertida con otros recursos que tienen la intención de manipular la semiósis y por lo tanto obedece, más bien, a la aplicación de recursos como significantes primero, y luego, haciendo uso de aquella manipulación, el autor recrea el significado poético de manera indefinida en nosotros, como libro infinito. Así los significantes, imágenes, elementos concretos utilizados como recurso visual no son otra cosa que la re-presentación del lenguaje, del conjunto de signos específicamente, que está en lugar de otra cosa, extendiendo de esta manera, no sólo el significante sino también el significado, por lo tanto lo que se realiza por parte del autor y del lector es una re-presentación comprehensiva[2] de la realidad.

Es evidente que tampoco podemos olvidar la articulación estética que hacen los padres literarios como Mistral, Neruda, De Rokha y, especialmente, Huidobro y Parra como queda de manifiesto en *La poesía chilena* al año siguiente. Principalmente estos últimos, porque ellos están produciendo sus primeras incursiones visuales, en 1912 el uno y en 1952, el otro.

La gran Mistral lo hace como una dimensión etnocultural, social y cristiana en un lenguaje vívido y lleno de realidades que se denuncian y anuncian desde la palabra subvertida del modernismo; lo mismo que Neruda, además de la inclusión de alguna imagen en uno de sus libros. Sin embargo, el que desarrolla primero esta actividad de compilar formas de decir concretas con la palabra, el espacio en blanco o vacío en la hoja, Vr. Gr.: los collage, *El Molino*; caligramas: *Japonerías*, publicada en la revista *Musa Joven* en 1912, etc., es Huidobro y más tarde lo vuelve hacer Parra, a su modo, por cierto, en *Quebrantahuesos* (1952) y en *El Reloj de Venancio (1971)*[3], por ejemplo. Pero también los ácratas desde 1898 usan este método como contracultura, especialmente frente al avance del capitalismo en Chile naciente y modernista en el periódico *El Rebelde*, sacándole partido al diseño gráfico como recurso visual y al uso del espacio entre columnas; aunque más tarde entre los años 1920 al 26, la Revista Claridad y entre los años 20 hasta los '30 se ve concretamente la publicación de poesía e imagen en un solo texto, específicamente el '26, cuando dos jóvenes artistas ácratas deciden unir sus esfuerzos para ello en un poemario que incorpora imágenes.

Pues bien, este trazado sería el que se relaciona directamente con la obra para allegar una aproximación estética de ella y a la vez del canon o la animación de éste desde el significado, manipulando significantes en el más antiguo oficio de la palabra o la retórica: convencer, conmover, persuadir o disuadir al otro, pero desde la retórica estética. En tal caso Martínez abre la discusión y el levantamiento de una nueva estética literaria, artístico literaria, como un producto de una manifestación cultural como todas las artes, pero sin grandes separaciones, sino más bien, inclusiones que funcionan como lenguaje y como signo: significante y significado; modificando, definitivamente, el canon literario chileno, en cuyo contexto epocal hay otros, conscientes o no, que están haciendo lo mismo o de modo similar, en la manifestación artístico-cultural de la literatura chilena actual, en la poesía 'primera' de Vicuña, Bertoni, Zurita y Maquieira, por ejemplo, entre muchos otros.

POLIEXPRESION o ~~la des-integración de las formas~~

2. Aproximación crítica al canon

Respecto de la justificación o verificación del canon no sabemos con seguridad si los patrones literarios han entrado en crisis o por lo menos en preguntas que no puede responder con claridad. Esto ha implicado entonces que debamos replantarnos la existencia del canon literario en nuestra literatura actual: ¿se ha modificado y como lo ha hecho? ¿Se halla en el último respiro de su agotamiento como señaló Rojo en el 2001?

En consecuencia habría que indagar en su historia, brevemente, por cierto, para hallar estas claridades que nos son tan necesarias. Pero antes invocamos nuevamente al profesor Grínor Rojo, ya que entre las páginas 20 y 21 de sus *Diez tesis sobre la crítica* nos lleva directo al grano de esta revisión. En estas páginas, recorre de modo sucinto, toda la historia que quisiéramos abarcar, pero como no es posible, nos fijamos en este texto que recoge la episteme de la literariedad o como queramos llamarla como *una diferencia específica*, y que dicho sea de paso, esto sería lo que siempre se ha querido encontrar y dar cuenta de ello como definitivo, y a veces, como si fuera nuevo. Aquí Rojo, nos pone contra la historia y con la historia para, en pocas palabras, describir y graficar el problema epistemológico del concepto, ya sea de literatura o de canon a través de la mimesis, dado que esta sería la base, tanto en el mundo antiguo, con Platón, "a quien como sabe cualquier estudiante de licenciatura la poesía se le antojaba repudiable en tanto que ella era sólo la imitación de la imitación" (*Id.* 20). Como en el moderno, heredado, por cierto, del juzgamiento que hace Aristóteles "quien juzga que la tendencia a imitar es una tendencia humana universal" (*Id.* 20-21). En el mundo moderno, señala que,

> la estética romántica con sus debilidades con sus prodigios de la "imaginación" y la "visión" [...] hasta alcanzar el arco que va desde los simbolistas franceses a la literatura de vanguardia [...] redescubre su importancia a la vez que revitaliza y divulga su empleo de una manera extraordinaria a cuyas no siempre felices exageraciones la circunspecta

mesura de los filósofos griegos no tenía por qué anticiparse. (*Id.* 21).

De tal suerte que los teóricos aludidos por él son hereditarios de esta corriente, es decir, "son continuadores o refutadores de la tendencia moderna" (*Ibid*). Sin embargo no es aquí en donde debemos detener nuestra atención sino en la siguiente expresión: "la misma cuyo margen de eficacia pareciera hallarse hoy en el último respiro de su agotamiento" (*Ibid*).

En suma, colegimos que "vivimos en tiempos de cuestionamiento del *canon*" (*Id.* 114),

> en pocas palabras, este cuestionamiento consiste en poner a los textos en los que hasta ayer depositábamos nuestra confianza sobre la parrilla y en refutar en cambio [...] a una multitud de otros textos a los que, por cualesquiera sean los motivos, no les habíamos dado hasta ahora la oportunidad [...] Todo ello porque hemos dado de baja aquellos criterios que en el pasado nos sirvieron para reconocerle a los textos una dignidad estética que fuese un poco más allá de su clasificación como simple artefactos de lenguaje. (*Ibid*)

Obviamente que el teórico nos llama la atención sobre aquello que podemos deslindar, ya sea como *corpus*, aunque preferiría llamarle *contenido o significado* como los formalistas, pues éste determinaría la forma y no al revés. O como alusión a una jerarquización o *canon* como ordinariamente comentamos o escribimos sobre este problema. De manera tal que, nos hacemos eco de ello mediante una aproximación al concepto y no al modo, en definitiva a la episteme más tradicional, aquella que indaga en el origen del significado y no en la clasificación del significante, es decir, reconocer el significado más cerca del original para volver nuestra mirada sobre el canon como diseño retórico o literariedad del texto, según su discurso y no su ideología de poder con otras palabras, lo que de literario tiene un texto según su discurso y no según el poder de

POLIEXPRESION o la des-integración de las formas

turno que sólo quiere jerarquizar o clasificar la obra. Todavía hoy, en que este término está más que en cuestionamiento. Pero hemos de defenderlo desde la mirada cultural, como manifestación cultural a través de una obra de arte literario y que es lo que hace que su constitución nos guíe a ello, cualquiera sea ésta, teniendo como dominante el lenguaje literario, distinguiéndolo, por cierto, del idioma que es en el que se escribe, pero que el modo de escribir subyace en el modo de expresar y, más todavía, cuando este modo no es suficiente, entonces habrá que sopesar el sistema poético[4] completo, o sea, el sistema y otros varios subsistemas que en él coexistan. Por ejemplo, *El Condorito* es tanto o más cercano a la dupla Quijote-Sancho que Batman y Robin, pues es un comic más cultural-social que ficcional o bien, *Lumpérica* o *El Padre Mío* de Eltit y *La nueva novela* de Juan Luis Martínez son dos mundos posibles que se constituyen desde sus propios significados, antes que de cualquier canonización, es decir, la creación de mundo en *Lumpérica*, es más bien, poliexpresiva o multimodal, más bien polimodal[5], lo mismo que *La nueva novela* y por lo tanto son sistemas más complejos que el sólo lingüístico. Mientras la una usa el español, la jerga, el coa (habla delincuencial o de extrema marginalidad) y distintos modos como genericidad; la transcripción de grabaciones, etc. El otro usa el español, los símbolos, los artefactos o cosas concretas, silogismos, aritmética, citas, comics, referencias, imágenes, y también distintos modos como genericidad, etc. Pero ambos recurren entonces a sistemas poéticos o diseños retóricos diferentes del tradicional para significar y para comprometer al lector y de paso problematizar la literatura como un aporte cultural importante, como una manifestación cultural más del ser humano que quiere trasuntar su propia época por los motivos que sean. En consecuencia, el diseño poliexpresivo de la nueva literatura es la manifestación cultural de una época determinada y un conjunto semiótico complejo, ya que "el texto constituye un diafragma sígnico: antes de él está el esfuerzo del emisor para traducir significados a signos literarios; después el esfuerzo del destinatario para recuperar los significados recluidos en los signos" (González Landa. 1992: 66). Y por lo tanto, no es suficiente la sola información o la sola formación, sino que es necesario recurrir a ambas, al conocimiento y al metaconocimiento que contiene un cuerpo cualquiera en la cultura y en la sociedad, como de la misma manera, a la cognición y metacognición que tenga un receptor cualquiera de estas manifestaciones u obras artístico-literarias.

3. Antecedentes

Desde otro ámbito, se sabe que es un concepto antiquísimo y que fue usado por primera vez en el ámbito religioso a. de C. Y esto habría sido para ordenar o reordenar los libros prioritarios de la Biblia. También se ha asociado con una palabra semita: "kaneh = caña" que podría asociarse a una medida de tipo campesina. Sin embargo, la más recurrente ha sido utilizada por los griegos, especialmente Policleto de Argos que en su libro (desaparecido) Kanon en el siglo V a. de C. explicitaba que este era una medida de armonización en la figura humana, es decir, una "porción", un sistema de [pro]porciones, cuyo modelo, basado en las matemáticas, calculaba una porción y luego era llevada a la práctica en una escultura. Por lo tanto el modelo estaba en "pro", en lugar de la porción real y que luego se ha de beneficiar con ello. Algo también rescata Aristóteles más tarde cuando tiene la idea de armonización en la construcción poética, especialmente cuando señala que ha de haber una proporción entre la cabeza y el cuerpo de un animal, así también debe haberla en la creación poética y por lo tanto propone *la fábula* como una forma de organización o construcción de la obra.

Pero al paso de la historia no se utilizó como "medida o directriz" de creación y/o construcción artística, por ejemplo, sino que se trató de reducir a una selección de obras, tal vez tomando en cuenta la primera idea de ordenar o reordenar la Biblia. Así ocurre con las listas de escritores griegos hechas en Alejandría en el s. III a. de C. Del mismo modo podría ser atribuido al medioevo, pues la forma de revisar los escritos era desde la lectura y no desde la creación. Con otras palabras, desde la recepción básica e impuesta[6] y no desde la producción. Piénsese aquí que la postura fuerte era verificar el *Trivium* y luego el *Quadrivium* y sobre esta base orientar la literatura de la época, vale decir, lo que podía responder a estas

POLIEXPRESION o la des-integración de las formas

reglas era lo validado. Si no cumplían, no eran obras seleccionadas para modelar el arte de la literatura.

Sea cual fuera el origen, lo que debemos destacar pues, es que fue utilizado para direccionar una creación o construcción artística. Y por lo tanto estaba lleno de sentido estético; de proporción, cadencia, simetría o compensación artística, aun cuando la base fue la aritmética más sencilla: el puño como medida modular, que fue tomada desde la cultura egipcia y equivalía a 18 puños para el cuerpo, lo que se descomponía, proporcionalmente en dos para el rostro, diez desde los hombros a la rodillas y seis desde éstas hasta los pies. De esta forma impactó en la armonía y belleza con este sistema de proporciones. Recuérdese que Policleto fue uno de los más famosos escultores griegos, por lo tanto la discusión inicial debiera ser si aún le consideramos al canon como una simple medida o un sistema más complejo de belleza, o sea, como una directriz de creación o construcción estética o simplemente le seguimos dando el reductivo valor de selección. Aunque hay algunos que mantienen la idea de que la primera vez que se usó la palabra o término fue en el 1700 ó a fines de éste, D. Ruhnken lo usa por primera vez en 1768 como 'lista de autores selectos de un género literario' y desde aquí en adelante, entonces la tenemos más cerca de 'la medida' o del 'registro que hay que hacer' según sea el turno. En suma, si todo se reduce a ello, lógicamente que se debe clasificar, por ejemplo en obras ejemplares, escolares, no canonizables, etc.

En este instante se nos viene a la memoria Bloom (2000). Todos, cual más, cual menos le hemos señalado como el 'gurú' de la época, especialmente en el texto *El canon occidental*. O sea, si él lo establece en aquella lectura entonces todos le seguimos como si fuera el modelo canónico del siglo. Sin embargo, en desmedro de esta idea, o mejor escrito, en respeto al autor mencionado, diremos que su planteamiento no es otra cosa que su experiencia, pero que el poder intelectual alcanzado y declarado por sus pares y la época misma, le sitúan como tal. En palabras suyas, sólo se trata de que "la mejor forma de ejercer la buena lectura es tomarla como una disciplina implícita; en última instancia no hay más método que el propio, cuando uno mismo se ha moldeado a fondo". (21)

Por lo tanto esto sería en realidad canon, diferente del gusto literario, sólo selección literaria, pues implica preferencia. Sin embargo, debemos reconocer en Bloom que nos deja la posibilidad de hallar la entrada y salida al gusto literario y al goce estético, especialmente cuando señala: "qué lean y cómo -bien o mal- no puede depender totalmente de ellos, pero el motivo (el por qué) debe ser el interés propio" (23). A nosotros, por cierto, nos interesa esto, pero no de manera definitiva, ya que lo más relevante es la apropiación de la obra conociendo y reconociendo la producción y la recepción de ésta y no las selecciones o clasificaciones.

Pues bien, en esta atmósfera es que se mueve nuestra observación y revisión del canon literario, por lo tanto debemos señalar que no se puede separar la creación de la recepción, como tampoco del fenómeno cultural. En consecuencia propongo que el canon es una visión más amplia, como una forma de adscribirse culturalmente a este mundo. Efectivamente el arte, ya que la literatura no es más que una manifestación cultural del ser humano, tal como lo señala Spang : "la literatura es una de las artes y, por ende, también un acto cultural" (2009 131). Y agrega más adelante: "la literatura responde a los mismos criterios que todas las artes y además a las exigencias de culturalidad y consta, por tanto, de los mismos componentes que aquellas" (*Ibid*) Por lo tanto, el canon ha de tener estas dos dimensiones: producción y recepción de una obra de arte y, en especial, de una literaria.

En Chile, la posibilidad de revisión del canon de la literatura actual no ha sido suficiente ni tampoco 'suficientemente' clara. Se ha declarado de la misma manera que la "selección" o "jerarquización" (como le hemos llamado antes) es lo que prima a la hora de hablar y escribir de éste. No obstante rescatamos a otro de los lúcidos críticos nuestros que ha volcado su interés en esta área, quien señala en uno de sus ensayos que:

> Una postura […] contemporánea consiste en considerar el canon no como una unidad o estructura inmutable, sino histórica, plural, según factores individuales, culturales, políticos o ideológicos, conformada por heterogeneidades,

POLIEXPRESION o ~~la des-integración de las formas~~

complejidades y contradicciones y, por ello, algo inseparable de nuestro trabajo de creación, crítica e investigación literarias, del que formamos parte y que contribuimos a conformar, ratificar o modificar. Desde la perspectiva del canon como un sistema variable, que se puede aceptar, rechazar o alterar, pero en ningún caso ignorar, perceptible o concebible en distintos niveles de abstracción, podemos hablar de un canon literario chileno y/o hispanoamericano. (Carrasco 2002 9).

De tal manera que si asumimos que la literatura es una actividad cultural como todas las otras artes y actividades del ser humano, también podemos apropiarnos de la idea de Mignolo, por una parte como idea general: "El canon hispanoamericano se construyó sobre la base de un lenguaje "estándar" y de un conjunto de criterios estéticos implícitos en los conceptos de "poesía" y "literatura" del colonizador."(268). Y por otra, como una particular: "Una de las funciones principales de la formación del canon (literario o no) es asegurar la estabilidad y adaptabilidad de una determinada comunidad de creyentes" (237), [que] "se adapta al presente y se proyecta al futuro" (*Ibid*), ya que el concepto de literatura como "un mecanismo autoorganizado" (definición de Lotman) "debería ayudarnos, dice Mignolo, a concebir la literatura como una práctica discursiva regional y la formación y transformación del canon como un subsistema dentro del sistema (*Id.* 246), ya que como él lo ha señalado, una comunidad puede definir y legitimar su propio territorio, creando y reforzando o cambiando una tradición.

4. El canon y la desintegración de las formas

La disgregación de las formas en el arte no es nueva, pero se hace patente a contar de la Segunda Guerra, como un recurso de la Vanguardia que va mutando las formas en el arte, ya que no ha de ser igual que antes, puesto que la percepción de la realidad tampoco lo es.

Ahora si seguimos un camino historicista diremos que ya Kahler había descripto una breve línea histórica. En ella destacaba que esta desintegración o *El Triunfo de la Incoherencia* se había presentado ya en el S.XVIII con una fatiga de la disciplina racional entre la nobleza y la *intelligentsia* dominante. Especialmente con los poderes irracionales de la psique. Ello derivó en la disolución de la coherencia racional y de la transracional replegando a las mentes al nivel superficial de la existencia: sólo el presente y la presencia.

Luego una segunda cuestión que le preocupó fue la creciente inseguridad del lenguaje y de la comunicación humana, pues esta tensión se hizo evidente junto con el aumento de la complejidad de la vida y de la condición psíquica, especialmente con la rapidez de la "expansión del aparato colectivizador, instrumentalizador de nuestra subsistencia diaria" (Kahler 80) y por lo tanto el arte de la literatura habría dudado, desconfiado incluso, de su capacidad de expresión lo que le llevó a buscar técnicas para alcanzar el objeto de arte. Posteriormente, señala que con Mallarmé implica la desaparición de la presencia oratoria del poeta (84) y por lo tanto deja la iniciativa a las palabras, consecuentemente sería una suerte de reemplazo del respiro, en efecto, el absurdo, el caos se apoderaron de la forma, más bien de la disolución de ésta hasta entrado el s. XX; de modo tal que la característica principal se transformó en un quiebre de la *praesentia* lingüística rompiendo con la sintaxis y potenciando la fragmentación. Y Por otra parte provocando un divorcio entre el lenguaje y la raíz humana. En suma, se deja seducir por la época que evolucionó e hizo evolucionar al hombre, al artista usando ahora el síntoma como manifestación, es decir, el síntoma de la era industrial: instrumentalización, operacionalización y tecnología que se traduce en la imposibilidad de las personas en dominar su realidad +*humanos* a través de una conciencia individual, traduciéndose en una vida, más bien, funcional y mecánica. Esto ciertamente moviliza a las vanguardias de todo el mundo en torno a sus experiencias sensoriales y sus fragmentos de inconsciencia que generalmente son tratados como fantasmagoría que están más cercanas a la gestualidad del lenguaje que a la imaginación, especialmente, la artística. Y aquí debemos recordar a Bloom (2003), que plantea que la forma en poesía es más bien un destello del significado, por lo tanto es

POLIEXPRESION o ~~la des-integración de las formas~~

una vuelta a la forma más originaria, a la sustancia de ella que se halla en el poema como un tropo y por esto es "un estallido de un destello visionario" (11). Pero es el punto de partida para él de la verdadera desintegración de la forma y por lo tanto estaríamos ante dos modos de ver el mismo fenómeno, aunque al final, ambos teóricos, llegan a establecer que la manifestación de la forma es la expresión artística. Por lo tanto la realidad, evidentemente, ya no es la misma como se adelantó. Según Donald Shaw, el realismo estaba basado en la idea de una realidad objetiva y comprensible, pero formaba parte de eso que él llamaba *antiguo hogar* y con él queda destruido, es decir con la antigua forma

> Entonces el escritor se encuentra ante la alternativa de modificar su visión de la realidad, de modo que incluya *el irracional misterio de la existencia*, o bien rechazar por completo la noción de una relación directa entre realidad y arte. La mayoría de las novedades técnicas y estilísticas típicas de la nueva novela resultan de la conciencia del autor de encontrarse ante esta alternativa (242 – 243).

Pero junto con ello es menester señalar que la simultaneidad también se hace cuerpo en estas nuevas manifestaciones, en esta nueva forma, cuya primera desintegración es que ya "no remiten como signo a la realidad, sino que son realidad" (Bürger 142). Dado que "la obra de arte se transforma esencialmente al admitir en su seno fragmentos de realidad" (*Id.* 142). En consecuencia la simultaneidad ayuda a introducir este cambio, esta mutación de la realidad en las formas desde la ubicación en el mismo espacio-texto de fragmentos reales de la existencia con otros irreales, ficticios e ilógicos y al mismo tiempo de modos o géneros literarios o manifestaciones culturales. Este recurso de la simultaneidad es el recurso más evidente, consciente e inconsciente desde la vanguardia hasta ahora. Y que se ha hecho más evidente aún a través de la intertextualidad como forma macro, es decir, como recurso general de composición de una obra de arte, especialmente literaria. Recordamos aquí a Barthes : "todo texto es un intertexto; otros textos están presentes en él, en estratos variables, bajo formas más o menos reconocibles; los textos de la cultura anterior y los de la cultura que lo rodean; todo texto es un tejido nuevo de citas anteriores." (217), pero también es necesario consignar que igualmente Bajtín se refiere a ello y antes Schlovsky, Tinianov; por lo tanto no es tan nuevo el recurso, sin embargo es más notorio, pues la simultaneidad le hace ver casi como parasitario, o sea, una obra se nutre de otra provocando una mudanza de la forma, y más que eso, sólo provoca al significado desde la nueva posición del significante en el nuevo espacio-texto, vale decir, la desintegración de la forma es sobre la base de la nueva composición del espacio-texto y en forma simultánea de los fragmentos usados en él. De tal suerte que podemos hacer más entendible esta abstracción desde el simultaneismo cubista por una parte y por la otra la simultaneidad temporal de los elementos de composición, por lo tanto aquí no me detendré en las discusiones respecto del término o concepto como antaño, antes y después de la Primera Guerra, incluso; sino que veremos, más bien, como funciona en "la mudanza" que haría Martínez, la cual se ha percibido como condición de modernidad en crisis o posmodernidad, incluso. De tal manera, que veremos cómo esta dialéctica se incorpora o la incorpora el autor estudiado y por ende apreciaremos cómo el significado de la época recoge el de la literatura y a la vez lo expande a través del significante para reflectarlo casi como un esperpento, pero con una intencionalidad sígnica muy alta.

Martínez definitivamente hace de la destrucción de las formas su arte y por lo tanto la sola percepción no es suficiente, sino que la sensopercepción es mayor, o sea, la percepción como una vivencia estética y la sensopercepción como una experiencia o goce estético. Lo que trasunta en el plano de composición que se abre definitivamente a otros códigos y no sólo al lingüístico, constituyendo un multisistema o poliexpresión que tiende a perderse en el linde de la modernidad como una condición cultural que se instala en el arte, en la literatura chilena actual como una dominante cultural, más bien. Dado que "la obra de arte se transforma esencialmente al admitir en su seno fragmentos de realidad" (Bürger 142) y al mismo tiempo es "la re la re la realidad" (Martínez, *Lnn*). Y esto es la espontaneidad simultánea que manipula como 'diafragma sígnico' Martínez, una nueva realidad poliexpresiva en un eterno retorno, puesto que una obra de arte es la re-presentación de una presentación, pues la presencia es cuando está en su cabeza y en su corazón como una

POLIEXPRESION o ~~la des-integración de las formas~~

intención significativa y este es el primer presente, y el segundo es cuando ya lo expresa, pero no es el mismo, es casi el mismo y por ello la simultaneidad ayuda a que sea muy similar y finalmente esta nueva realidad es el presente infinito de la obra es definitivamente "la re la re la realidad" o el eterno presente.

---

[2] Siguiendo a DÍAZ TEJERA, especialmente en la «Precisión al concepto de mimesis en Aristóteles». Serta Philologica, t. I, Madrid: Cátedra 1983, 179-86. Sobre todo cuando pensamos en el grado de realidad que se le da a la mimesis, es decir, más cercana a ella o más lejana; con otras palabras más real o más ficcional. Por ejemplo, a modo didáctico: 1ª mimesis: la realidad al 100%; 2ª mimesis: la realidad al 50%; y 3ª mimesis: la realidad a 0%. En consecuencia mientras más cerca de la realidad mayor mimesis y menos ficcionalidad y a mayor distancia de ella, menor mimesis y mayor ficcionalidad. Por lo tanto la aprehensión comprehensiva funciona como aprehensión, re-presentación de la realidad [realidad de la realidad. En términos martiniano: la re- la re- la realidad], pero luego de comprenderla se llega a la objetivación de ella como modelación y por lo tanto se discrimina que tipo de realidad es, y aquí, la literatura es una realidad real en primera instancia porque es un hecho estético ontológico, pero la literariedad y la historia que la hace literaria no es ontológica, sino ficcional.

[3] No consigno otra fecha u obra porque son posteriores al período de la obra de Martínez, como por ejemplo Los artefactos (2000) y otros montajes que le siguieron.

[4] Usado aquí no sólo como una simple estructura sino como un sistema mayor que es capaz de organizarse desde el significado, contenido o sentido que el autor quiere darle según su estilo y por lo tanto, sistema, es un entramado de significados que apuntan a un sentido pleno y este sería el poético, el sistema poético que refiere a una cosmovisión de mundo a través de un mundo posible creado, sugerido por un autor y no por un poder ideológico de jeraquización.

[5] Uso aquí el término multimodal que refiere Spang (2009) desde los modos de acercarse al término género literario y no a la multimodalidad massmediática, la que puede ser parte de uno de los modos, según la intención de un autor determinado en una obra artística-literaria determinada.

[6] Me refiero aquí a una forma obligada de leer y no a una recepción como la entendemos hoy, sino a una direccionada por el poder intelectual o político de la época. Como por ejemplo reconocer los pasos del Trivium y del Quadrivium y no de la propia recepción.

POLIEXPRESION o ~~la des-integración de las formas~~

II. ¿Una como Condición posmoderna...

la literatura chilena actual? [dominante cultural]

Como siempre, no es fácil hablar o escribir de dominante cultural y, menos todavía, sobre los deslindes de estas opciones: Modernidad/Posmodernidad.

La teoría nos refiere a la separación de los términos y con ello a la separación y superación de épocas.

Para ello debemos señalar que nos enfrentamos una vez más a la frase típica: lo antiguo y lo moderno.

En este caso, Habermas, explica que la palabra "moderno" en forma latina *modernus* se utilizó por primera vez el siglo V con la finalidad de distinguir el presente que se había vuelto oficialmente cristiano, del pasado romano y pagano. Por lo tanto el término en cuestión expresa, más bien, la conciencia de una época que se relaciona con el pasado y considerarse a sí misma como el resultado de una transición de lo antiguo a lo nuevo. Por cierto aquí nos viene a la memoria Octavio Paz y *Los hijos del Limo*, dado que allí nos seduce con la idea similar, pero desde la ruta del romanticismo[7]. Pero esta es una realidad que ocurre siempre, casi como un eterno retorno, es decir, lo moderno se opone a lo viejo o antiguo, va y viene en medio de crisis, por cierto, pero regresa en gloria y majestad para volverse moderno otra vez, ya que

> la señal distintiva de las obras que cuenta con "lo nuevo", que será superado y quedará obsoleto cuando aparezca la novedad del estilo siguiente. Pero mientras lo que está simplemente "de moda" quedará pronto rezagado, lo moderno conserva un vínculo secreto con lo clásico (Habermas 2008 21).

Por lo tanto hemos de coincidir en que todo tiempo moderno es al mismo tiempo un tiempo que se opone a sus fantasmas y héroes del pasado para renovar el presente, pues, como escribe Habermas: "la anticipación de un futuro no definido y el culto de lo nuevo significan de hecho la exaltación del presente" (21). Pero qué pasaría si este ir y venir ya no es novedoso sino reiterativo, como por ejemplo, siguiendo a Paz, cuando una vanguardia repite las acciones de otra anterior. ¿Estaríamos entonces frente al fracaso o al término de la modernidad? Pues bien aquí se debe marcar que, seguramente, no es la superación de un modernismo como una mera estética, sino que es la superación de un modernismo-modernidad, como neomodernidad[8], lo que evidentemente se opone al análisis de mucho, pues ellos refieren que el modernismo y la modernidad son diferentes, el uno es una estética y el otro una época. Sin embargo, desprendiendo todos los testimonios de los propios modernistas, esta no era una simple estética sino una apropiación de mundo, cultural y cotidiano, y por lo tanto una <<moda>> (sic) cultural y cuya coincidencia descubrimos también en Habermas, que no sólo está de acuerdo en ello sino que además ratifica esto citando a Daniel Bell: "la crisis de las sociedades desarrolladas de Occidente se remontan a una división entre cultura y sociedad. La cultura modernista ha llegado a penetrar los valores de la vida cotidiana; la vida del mundo está infectada del modernismo." (*Id.* 24) Y aunque Bell y otros lleguen a la conclusión de que la única salvación será la fe religiosa y en la tradición debemos señalar que esta misma fe pasa antes por el arte, por el espíritu del arte que está ligado a la fe religiosa y a la de la tradición, pues sin ella, es decir, sin la fe que es al mismo tiempo creer, adaptarse y experienciar al Dios de la Vida o simplemente la identidad del sujeto epocal, como así también para el no creyente, la fe es igual a la poesía que existe antes que todo y que lo renueva todo y por lo tanto la poesía funciona como la fe, como aquella que nos permite redescubrir la realidad y estamparla en una obra de arte y esto es lo novedoso, lo moderno y lo modernista a la vez, pues lo nuevo viene con una estética y por lo tanto una renovación cultural o de la dominante cultural. Pero no lo supera todavía, pues el agotamiento tampoco es total, es decir, el sujeto epocal y cultural aún tiene fe en que va a renovar y a subvertir la realidad, por ello tiene fe en que todo será trascendido por su visión de mundo hacia el futuro con la magia del

POLIEXPRESION o ~~la des-integración de las formas~~

pasado, lo antiguo y por ello siempre está en presente, pues no podría ser de otro modo ya que la <<moda>> es presente tensionando el pasado desde la postura de futuro (vanguardia o moda), pero al mismo tiempo, sí o sí, generando resistencia desde esta fe a todo lo que re-presenta la realidad, y esto podría ser el escenario de una ruptura como señala Ulmer: "la ruptura con la <<mimesis>> (sic), con los valores y suposiciones del <<realismo>> (sic) (125) lo que devendría en sus términos en collage y montaje, deconstrucción, la alegoría, el parásito/saprófito por ejemplo y que se refrenda de manera tardía en la crítica y lo hace desde una nueva relación del texto crítico con su objeto, o sea, utilizar casi o los mismos dispositivos de análisis que usa la literatura.

Por otra parte, la versión más difundida es la de la posmodernidad como superación de la modernidad. A este respecto rescatamos la voz de Jameson (2008) que nos señala algunas rutas desde dos perspectivas. Una desde "las reacciones específicas contra las formas establecidas del modernismo superior, contra este o aquel modernismo superior dominante que conquistó la universidad, el museo, la red de galerías de arte y las fundaciones" (166). Y otra, es que "se difuminan algunos límites o separaciones clave, sobre todo la erosión de la vieja distinción entre cultura superior y cultura popular o de masas" (*Ibid*). Y por lo tanto se hace "más difícil de trazar la línea entre el arte superior y las formas comerciales" (*Id.*167).

1. Vanguardia poética.

La vanguardia se ha ido gestando desde que la razón le da poder al hombre de reconocer sus limitaciones y conciencias, o sea, desde la supuesta modernidad, para algunos desde Santo Tomás, para otros desde Heidegger, pero para el caso de la historia da lo mismo, pues esta se encargó de referir las características del poder de la razón.

Según algunos antecedentes, la vanguardia no es sólo la escuadra que va delante avizorando, sino que también es aquella que va escrutando la realidad y es aquí en donde tiene mayor validez el término para nosotros, dado que es un ojo y un oído escudriñador del mundo y por ello puede ponerlo en la palestra con miradas y conciencias críticas del pasado, del presente e, incluso, del futuro; por lo tanto como instrumento de transformación y, a veces, urgente, tanto en lo social como en lo cultural.

El término, según la RAE, refiere a una "parte de una fuerza armada, que va delante del cuerpo principal" o a una "avanzada de un grupo o movimiento ideológico, político, literario, artístico, etc". Pero cualesquiera sea la razón, lo evidente es que se ha producido por una acción, una reacción, tal vez, al medio cultural y social. Y he aquí entonces que nuestras observaciones anteriores tienen peso histórico, es decir, la propia evolución del hombre histórico ha hecho que la vanguardia no sólo sea una ruptura, sino que es además, una ruptura epistemológica en el sentido de querer romper, sobrepasar aquello que es conocido por la experiencia con lo nuevo. Es decir, lo nuevo, lo medio desconocido o totalmente desconocido. Y esto es producto del descentramiento del hombre, del sujeto, pues cuando éste se sabe consciente de descentra de Dios, cuando se sabe evolutivo se descentra de lo biológico, cuando se sabe inconsciente, se descentra de lo cartesiano y lo racional, etc. Por lo tanto la ruptura le permite enfrentarse a sí mismo, pero también a la sociedad a la que pertenece. Y una buena manera para ello es el arte, ya que es la ligazón más relevante después de Dios, en el sentido de la creación: el hombre es artífice y Dios el Creador. Pero aquí también hay otro descentramiento, ya que el hombre deja a Dios para preferir al hombre y esta realidad, junto con la copernicana, nos generan la primera ruptura, o sea, Dios fue lo primero que el hombre construye como símbolo y Copérnico, es el primero en simbolizar la ilusión de la realidad y por lo tanto este nuevo sujeto, el que va de simbolización en simbolización, va reconociendo realidades que sólo son ilusorias hasta que puede probarlas y cuando lo hace ocurre una nueva ruptura con la cual se desplaza, pero se ilusiona una vez más y va en pos de aquella ilusión hasta probarla a través de la experiencia. Y esto sería lo vital para la vanguardia, ir en pos de 'lo nuevo o ilusorio' para probar su existencia y luego trasuntarla. Aunque también hay que remitirnos a Newton desde la teoría física, ya que a través de ésta se podía posicionar o someter al mundo a las leyes matemáticas. Y más adelante, con la consolidación de la ciencia se regresa al pensamiento lockeano, según la aproximación que hace Fernández Pérez a una ""física social", ideario que sirvió de base para el sistema de valores que dio forma al pensamiento ilustrado, cuyos efectos se manifestaron en el desarrollo de la política y de la economía modernas" (198).

En consecuencia, la primera simbolización, lo copernicano, lo cartesiano, lo racional, etc, se convirtieron en síntomas y la vanguardia en la constante cultural y social para dar cuenta de ello, ya que en definitiva "cambiaron los criterios que le conferían estatuto artístico a una obra o a un acto" (Fernández 201). Finalmente, las vanguardias van en búsqueda de las causas y no de los efectos y para poder probarlas crean manifestaciones, movimientos y realidades que prueban en primer lugar la crisis u oportunidad para dar con estas pruebas de carácter más bien cultural, ya que se "alzó un cuestionamiento que tocó la función del arte y el rol del artista, alcanzando en definitiva, las mismas raíces del concepto arte y la situación del hombre en la cultura" (*Ibid*).

La vanguardia se teje entonces desde estas realidades ya descriptas, pero aquí también cabe recordar a Biagini ya que concordamos en que en general, la vanguardia "buscaba una ambiciosa comprensión de lo real como actitud intelectual, base y nutriente de sus impulsos y energía en las vivencias y experiencias legadas por "un mundo de la vida" decadente" (546) y que ella (la vanguardia) se proponía "transformar a través de la revolución artística (formas) y la revolución social (contenidos para el cambio y los modos de observar la realidad)" (*Id.* 547). Y las manifestaciones más reconocidas son aquellas que se producen entre las Guerras Mundiales, pero especialmente después de la Primera, ya que

> tales Vanguardias tienen sus raíces en la búsqueda de un
> nuevo humanismo como empresa de desublimación, de
> descubrimiento, de montaje, de invención e iluminación; se
> instalan y evolucionan como ruptura discursiva en medio
> de la ciudad y aparecen en un periodo de transición

marcado por el fin de la Época Moderna (alrededor de 1910) y el inicio de la Época Contemporánea. (2008 547).

Por lo tanto la obra de arte vanguardista contendría "lo real en calidad de juicio respecto al uso de los materiales – técnicos, valores, mitos- que la historia ofrece" (Bürger 15).

De tal modo que con ello (la vanguardia) pareciera reconocer que la razón ya no ha servido para dar respuestas y entonces los descentramientos del sujeto son evidentes, ya que llegan a su cúlmine con esta gran crisis de la realidad, de aquello que ha sido probado positivamente con y por la razón como realidad, pero ahora llegaría el momento de buscar lo ilusorio: esta Guerra daría paso a otra forma de vida, más afectiva y menos racional y por lo tanto habría que buscar aquellas manifestaciones que permitieran probar esto, como por ejemplo probar la existencia de Dios en la negatividad, pues la razón es ahora negativa y como reflejo, como espejo esa negatividad muestra la no existencia o abandono o muerte de Dios. Por lo tanto la teología de la negatividad sería asumir que aquella crisis prueba definitivamente que hay que volver al Dios de la vida y no al de la razón. Otro ejemplo es el arte, aquel que ha sido más concreto, figurativo, neoclásico, homogéneo, ahora es rupturista y recoge todos los materiales que le parecen adecuados:

> materiales de segunda mano, recortes de periódicos, frases de textos científicos, de crónicas, de conversaciones de café, basuras lingüísticas (como las bravatas e insultos), ruidos, dichos populares, chistes políticos o chistes de color subido y también instrumentos de su propia confección: neologismos, secuencias sonoras [...] imágenes creadas, sinestesias (en que se extreman las mezclas), paradojas, antítesis, ausencia de puntuación, espacios en blanco [...] etc. (Schopf 2000 19)

Con otras palabras, todo aquello que representa la negatividad de la razón en todas sus expresiones. Pero también es cierto que no sólo depende del productor, el artista; sino también del receptor, el lector; ya que tanto autor como lector pertenecen a la misma cultura y por lo tanto los efectos son creados y recepcionados por ambos. Recordemos que

> La vanguardia no se define a sí misma como tal; debe ser reconocida por esos públicos significativos que transmiten -hacia el campo intelectual y artístico, hacia la prensa y las profesiones, hacia los sectores medios en ocupaciones intelectuales- una valoración por las obras vanguardistas o de avanzada. De no existir esa valoración -que no depende exclusivamente del juicio crítico- la vanguardia se consume solamente a sí misma; queda recluida dentro del propio campo en que actúa, en contacto nada más que con públicos ceremoniales. (J. J. Brunner 1987 67)

En suma, la ruptura epistemológica, la descentración del sujeto y no "la muerte del sujeto" (Jameson 2008 170), la búsqueda constante ha provocado una serie de manifestaciones que a lo largo de la historia se reconocen como tendencias o movimientos, especialmente, pero no como conductas culturales. Recuérdese aquí que "el centro de reflexión no está sólo en el producto artístico: se teoriza sobre el proceso creativo y sobre la posición del arte en la cultura" (Fernández 203). Prueba de ello es el surrealismo que lo que impetraba era "una voluntad manifiesta de transformación social" (*Ibid*) y definitiva.

> Están convencidos de que nada tiende a la permanencia y menos a la inmovilidad; la opción por el cambio es una forma de vivir y a la vez de apertura al porvenir mediato e inmediato en función del concepto de vanguardia similar e isócrono en todas partes, pero su finalidad, efectos, proyección y duración en el tiempo tendrá connotaciones ideológicas diferentes de acuerdo a la perspectiva, situación concreta e intereses de intelectuales, políticos, artistas y escritores, sean ellos pertenecientes a la cultura eslava, asiática, anglosajona, latinoamericana o de los países mediterráneos europeos. (Biagini 2008 547)

2. Aproximación a la vanguardia chilena.

Respecto de la vanguardia chilena debemos partir diciendo que esta se adhiere, por cierto, a la europea desde que se inicia el estado de crisis en el S.XIX hasta que revienta a comienzos del XX, después de la Segunda Guerra, pero especialmente en Chile deviene de la crisis romántico-social del '42, del modernismo y del decaimiento modernista; aunque su manifestación 'vanguardista' se desarrolla con Huidobro, De Rokha, Emar, La Mandrágora, entre otros.

Una de las principales características es la desacralización de la poesía, la articulación de la vida moderna, aquella que trajo consigo no sólo una amplitud del gesto artístico sino que también la crisis económica, progresista y social que ello implica. Vale decir, la poesía y el arte no están ajenos a la realidad del efecto decadentista, sino que también proyecta la nueva visión de mundo.

Aquí coincidimos con dos preclaros críticos que han abordado este tema, nos referimos a Naim Nómez (1992 9; 1996 7-56; 2000 5-19) y a Nelson Osorio (2000 55-73), ya que ambos establecen como causa de origen de nuestra vanguardia el siglo XIX, por lo tanto este fenómeno no es sólo un conjunto o colección de movimientos sino que es una respuesta cultural a esta realidad.

Revisemos pues algunos antecedentes. Nómez señalaba el año '96 que pretendía no sólo entregar una selección de poemas y poetas, sino también mostrar los cruces y articulaciones que se habrían producido entre las obras literarias, la historia y la cultura del país (*cf.* 7). Para ello, efectivamente no sólo entrega una selección sino que acompaña tanto al comienzo como en la presentación de cada autor, un comentario crítico que sienta las bases para que el ojo escrutador pueda encontrar la orientación respecto de la evolución de la literatura nuestra desde los inicios fundacionales hasta los actuales. Cabe destacar que Nómez da una mirada cultural al respecto "ello debido en gran parte al desequilibrio económico y político que se produce por el paso del "sistema colonial" al "sistema capitalista", lo que influye de diversa maneras también en la literatura" (5). De tal modo que la literatura es una actividad cultural y como tal se ve afectada por las realidades socio-culturales y políticas, afectando, por cierto la producción y construcción artístico-literaria: "la permeabilidad de América Latina al romanticismo europeo llegado tardíamente, había enfatizado la importancia del individuo en las artes y puesto como tema de discusión, la valoración del pasado y el problema de la identidad latinoamericana y de cada nación" (6), en términos generales y en lo particular hay que destacar que: "Uno de los elementos centrales de la modernidad es el agudo sentido de relativismo histórico, de crisis de valores sociales y culturales. A partir de los año setenta del siglo pasado, la secularización de la vida, el crecimiento de la vida urbana y los valores individualistas del Positivismo, descentraron la propuestas de la nueva clase literaria y la enfrentaron con una tenión entre lo real y lo ideal, que sólo podía intentar resolver estéticamente" (8), pero también en la forma, pues además de la profesionalización y conciencia del quehacer, la forma también sufre ya que: "una poética pluralista, cosmopolita y libre va a continuar en la nociones, temas, pretensiones y problemas de la literatura de las vanguardia del siglo XX, a las que dieron origen con su concepción de lo artístico y de la 'literaturidad'" (10), en consecuencia "durante largo tiempo coexistieron forma literarias residuales de la tradición extranjerizante (especialmente francesa), con las formas literarias emergentes de una cultura independiente" (22) y por lo tanto esta condición híbrida sería la que finalmente evolucionaría en vanguardia, la que en definitiva produce una oscilación en los discursos generando disputas y conflictos "entre la racionalidad absoluta, el poeta portavoz de la tribu, el optimismo del progreso y la búsqueda del poema total versus la fragmentación, la desacralización del vate, el juego ilusorio, la incorporación de los sueños y el inconsciente y el refugio de la interioridad, expresa la complejidad del momento estético y las contradicciones de un mundo histórico en donde la modernidad aparece como un campo en disputa y conflicto" (Nómez. 2000:18).

En otro ámbito, pero no tan lejano, Osorio nos acerca desde una modernización dependiente, por lo tanto los procesos culturales, sociales y políticos son más marcados aquí, junto con la adjudicación al dominio de la nueva burguesía deviene "esta *modernización,* que significa el ingreso de América Latina a la «civilización industrial» en condiciones de una nueva dependencia, es el marco continental en el que surge y se desarrolla el movimiento literario que se conoce como Modernismo hispanoamericano" (56), de manera tal que por este mismo hecho nos sitúa frente a tres grandes eventos históricos que habría demarcado esta nueva realidad: la Revolución Mexicana iniciada en 1910, la Primera Guerra Mundial (1914-1918) y la Reforma Universitaria (iniciada en Córdoba, Argentina, en 1918, y que se extiende prácticamente a todo el subcontinente) y por lo tanto este modernismo, además de ser un proceso estético-ideológico (58) es la inanidad de lo real y cotidiano (59) a la vez. Esto es reconocer que la vida natural si se sigue viviendo como una sola con la social entonces sería una dicotomía desastrosa, ya que los escritores, ya conscientes y profesionales no creen en que la realidad es producida por la naturaleza y por lo tanto la vida sigue siendo natural, la separan del oficio artificioso de la literatura, pero al mismo tiempo la literatura es vivida cotidianamente, asumiendo este nuevo rol histórico y social, más bien cultural. En consecuencia, "la realidad natural, lo natural, no era negado; simplemente no entraba en el ámbito de sus preocupaciones o intereses centrales en cuanto artistas" (61).

Según Osorio (2000), la vanguardia poética, corresponde más bien a un ajuste "de alguna manera a las nuevas propuestas que surgen en el mundo contemporáneo" (72) después de la guerra, por lo tanto bien a cerrar el ciclo de una época, cual es, la moderna. Bajo esta perspectiva se inauguraría entonces la modernización en Américalatina (lo escribo así porque es América y Latina a la vez) y por lo tanto ha de verse no como un simple proceso de movimiento sino uno más general: un proceso histórico-social (73). De tal manera que, por una parte, la vanguardia obedece definitivamente a una marcha cultural, como adelantamos, y no a una de movimiento o tendencia. Y por otra parte

> la producción literaria de esta nueva promoción, por lo menos en su primera etapa (la que se da en el segundo decenio de este siglo), se encuentra *dentro* de la poética global del Modernismo; esta promoción no presenta —en esta etapa— un proyecto estético- ideológico nuevo, ruptural, sino una modificación interna del proyecto modernista, en la que se jerarquizan de modo distinto —y aun inverso— las preferencias de sus antecesores consagrados. (70)

En consecuencia, en Américalatina, la vanguardia habría sido asimilada y no repetida, es decir, no ejecutada de la misma forma como se generó en Europa, sino que con los tintes auténticos de hispanoámerica, que en realidad es Latinoamérica. De esta forma se convierten entonces en una propia realidad o proceso cultural, ya que "el carácter internacional que tiene el vanguardismo de la posguerra está relacionado con la internalización de una crisis que condujo a la guerra, pero el mundo hispanoamericano vive de un modo específico esta situación" (Osorio 1988 XXVIII), pero al mismo tiempo, casi dialécticamente, "el surgimiento mismo de la literatura vanguardista en Hispanoamérica se nos presenta como una floración múltiple, puesto que aparecen brotes casi simultáneos en la mayoría de las ciudades importantes sin que exista un núcleo irradiador preciso o una concertación programática" (XXXI). Y, finalmente, tal como señala Osorio, debemos dejar de considerarlo como un epifenómeno (XXXVIII).

Ambos autores entonces nos plantean la socialización de la vanguardia, es decir, la vanguardia como realidad cultural y no sólo como tendencias y movimientos, con otras palabras, favorecen y promueven condiciones sociales que buscan el desarrollo integral de la persona humana. En este tenor entonces es que debemos aproximarnos a la vanguardia chilena, es decir, hacer un acercamiento de manera de recoger este intercambio cultural o asimilación de la internacionalización y de lo particular cultural ocurrido en Hispanoamérica y para ello es menester hacerlo desde una mirada *otra* (Marghescou 11-54, Eco, *Lector in Fabula* 41-122, Mignolo 19-87, Van Dijk 115-142, Bourdieu 9-15. es decir, desde las distintas clases de discurso o texto [que] son diferenciadas, catalogadas y evaluadas sobre la base de los modelos de discurso elaborados según los valores de grupos intelectuales dominantes en determinados periodos y culturas. Debido a la indeterminación semántica inicial de todo texto en situaciones socioculturales de comunicación, es decir, de actos de lectura o desambiguación, la condición artística de los textos considerados literarios no está radicada únicamente en sus propiedades verbales, estilísticas o retóricas, sino en su adscripción a un determinado contexto que motiva su producción y lectura de acuerdo con la asignación de valores estéticos en algunos o todos sus niveles semióticos. (Carrasco 2008 140)

Por cierto, esto nos recuerda a Lotman, antes a Bajtín y Mukarovsky, ya que ellos todos establecen la relación obligada entre literatura y sociedad. Lo que también nos hace recordar que Saussurre había señalado ya, que la realidad del lenguaje era cosa de cimentación en el seno de la sociedad, por lo tanto texto y discurso no tienen otro norte que producirse y recepcionarse en la sociedad y para la sociedad. De tal modo que todo movimiento artístico obedece antes a uno social y antes a uno antropológico, cultural debido a que el artista está inserto en su propia época, aunque se adelante a su tiempo, cosa que es connatural al artista y aún así siempre habrá rasgos y claves que nos ayuden a contextualizar la obra desde y en la obra, además de las vicisitudes del autor en su experiencia personal y social y, que, en realidad son la base de su creación.

Ivan Carrasco, en el *Proceso de canonización...* (2008) nos sitúa y, con justa razón, en uno de los problemas más preclaros de la historia literaria que, por un lado, nos lleva a reconocer la contextualización tanto social como cultural de los movimientos y tendencias literarias y por otro a las llamadas generaciones literarias, pero a esto nos referiremos en otro acápite. La que nos interesa ahora es llamada *la generación superrealista de 1927*. Y señala allí que: "Conocida mayormente como vanguardismo o vanguardia, influida por las formas internacionales de pensamiento como el existencialismo, el marxismo, el anarquismo, el socialcristianismo" (152) y que en "en términos globales [...] puede entenderse como un proceso de anticanonización de todas las formas de realismo y de convencionalidad, fundada en una concepción vanguardista del arte y la política" (*Ibid*) y finalmente con "cierto grado de heterogeneidad" (153) lo que obedecía a la realidad cultural y social de los autores, es decir, al

> proceso simultáneo de rechazo y exploración, de polémica y afán creativo, el comportamiento idealista y luchador de muchos escritores de esta generación sin duda tiene correspondencia con una identidad de clase media intelectual enfrentada a una identidad oligárquica individualista, en cuanto conflicto hegemónico, y en alianza con identidades marginales y revolucionarias de doctrina marxista principalmente, que se mantienen en forma paralela. (*Ibid*)

En consecuencia la generación vanguardista estaría al servicio de lo mutable desde los cambios sociales y culturales. Y esto, evidentemente, influiría en la creación literaria, como es muy lógico pensarlo, sin necesidad de probarlo, pues incluso el más creador de los creadores en Chile que podría ser Huidobro, por lo de Creacionista, estaría en búsqueda de un gran cambio, uno total y cultural[9]. Pues bien, respecto de esto no abundaré, pues hay una infinidad de estudios sobre la(s) vanguardia(s). Intentaré acercarme ahora, sin más, con este marco, a la nueva tendencia cultural: la neovanguardia.

3. Neovanguardia poética chilena.

Hemos de entender por neovanguardia, en primer lugar, aquello que se reitera de la vanguardia y se desarrolla en una época distinta y con características marcadas en los planos de composición de la obra que más se afecta por la realidad, pero también se da el fenómeno de derivación, como freudiano y/o deconstructivista, es decir, se puede derivar la acción de la vanguardia a través de época o mediante la obra propiamente tal, generando de este modo una dialéctica tensional, tal como lo señala Foster (2001): "La vanguardia histórica y la neovanguardia están constituidas de una manera similar como un proceso continuo de pro-tensión y re-tensión, una compleja alternancia de futuros anticipados y pasados reconstruidos; en una palabra, en una acción diferida que acaba con cualquier sencillo esquema de antes y después, causa y efecto, origen y repetición" (31). Lo que en términos locales se coteja con la definición que da Carrasco (1989) como una postura antitradicionalista, polémica, crítica, experimental (35). La neovanguardia, señala Carrasco, muestra un profundo compromiso crítico con la situación histórica de Chile bajo el gobierno autoritario, mediatizando su remisión a lo real por medio de la alegoría, el símbolo, la ironía, la transtextualidad y las posibilidades de la presuposición y lo no dicho, como ha sido estudiado por Carmen Foxley (1984) en relación a Zurita, indica también el autor.

Evidentemente que este es un factor de revisión y de consenso, en algunos casos, ya que el momento histórico es verdaderamente especular en la creación literaria, pero también es de decisiones entre lo que emerge y lo que tradicionalmente se ha ido vivificando como avanzada cultural. De tal suerte que la avanzada pareciera llamar la atención de la creación, sin embargo es la segunda la que avanza en medio de aquella primera. Por lo tanto la escritura es preescritura[10] en algunos casos y subversión en otras. Ahora, en el caso de los que siguen, es decir, en la tradición, son capaces de incorporar ambas fuentes y por lo tanto la progresión subversiva de la neovanguardia por sobre la cultual es más bien expansiva y no significativa, como así también la cultural, que es significativa por excelencia, se retrae y provoca la expansión, especialmente del significante, cualquiera sea éste. O sea, que puede ser desde el signo lingüístico como del semiótico. Y, por cierto, esto sería lo mediatizado, alegórico, simbólico y transtextual. Con otras palabras, siguiendo a Del Río (2006) esto sería "la recodificación de la vanguardia a través de la reconstrucción" (117). Por lo tanto esta sería una de las etapas que el arte chileno recupera, primero como una forma de recodificar lo no-dicho a través de la desfragmentación y la des-integración de las

POLIEXPRESION o ~~la des-integración de las formas~~

formas para luego volver a armarlas desde una perspectiva de(s)constructiva, la que finalmente reconstruye aquello que le fuera derruido como una acción de impacto traumático como si fuera enigmática la primera vez de aquello, sin embargo es una articulación deferida, inconsciente o conscientemente de realidades vividas ya y de otras tan vitales como la existencia misma bajo nuevas condiciones de adaptación y de escritura. En consecuencia, es el desplazamiento de aquella experiencia la que se observa ahora, en primera instancia, en el discurso del arte, como si esta fuera la pre-escritura de lo que viene: la neovanguardia. No obstante, hay que tener presente que ésta no es simplemente una reconstrucción, pues se establece como *nachträglich*[11], es decir, como una tardanza que se puede hacer posible, algo así como una reminiscencia que se puede hacer presente o testimonio en una acción diferida o *différance* y esto es lo que estaría en el principio de toda manifestación de este tipo, vale decir, el trauma y la historia como una presencia vital, pero que no se puede mostrar tal cuál es, pues, por una parte es irrepresentable y por otra es necesario 'irrepresentarlo' como una condición del momento, de la época que se vive y que se quiere subvertir; sobre todo cuando la cuestión sociopolítica y socioeconómica trasunta a la humana obra artística y esta es la condición 'como posmoderna' de las manifestaciones del arte que se registraron y observaron en la llamada neovanguardia chilena, la que en algunos pasajes es la reescritura de la vanguardia histórica, pero en otras es la rebeldía. Pero cualquiera sea la forma adoptada, fue siguiendo la Vanguardia histórica Hispanoamericana que está mucho más cerca de lo que se pensaba, puesto que ella misma es subversión vital y no como lo fueron al principio (las vanguardias), tratando de revertir las posturas o imposturas del arte como institución desde lo contextual. La nuestra no trata de institucionalizar, sino todo lo contrario, intenta derribar lo institucional para que fluya lo +*humano* incorporando lo contextual como parte fundacional y fundamental de la obra de arte, prueba de ello el propio Martínez, no intenta institucionalizar la vanguardia, sino que trata de volcar sobre sí toda la realidad, todo lo que no está bien para transformarlo como un sujeto histórico, pero al mismo tiempo trascendental. Por lo tanto la vanguardia, la neovanguardia, el arte en general no son más que un medio para humanizar aquello que se ha creído terminado, o por lo menos, desgastado por las formas llamadas hoy, humanas: la razón, la economía, la política, la educación, la estética y, fundamentalmente, la ética, que es la que nos lleva al en-sí de la trascendencia del ser humano.

---

[7] Realidad que estaría más cercana a nuestro estudio en todo caso y que ha sido descrito este aspecto en mis tesis anteriores (1996, 2006) y en un libro actualizado de la tesis doctoral, publicado el 2012.

[8] Aspecto desarrollado en las otras tesis de mi autoría.

[9] Ver revista TOTAL de 1938.

[10] Siguiendo a Adorno (1983), por ejemplo: *"¿qué sería del arte en cuanto forma de escribir la historia, si borrase el recuerdo del sufrimiento acumulado?*- dice Adorno. Y debe recordarse que para él, "escritura" es un concepto: "*el concepto de 'ècriture' fue relevante en los primeros debates sobre el arte plástico, movido ciertamente por lo dibujos de Klee, que parecen garabatos. (...) toda obra de arte es escritura, no sólo las que se presentan como tal. (...) las obras de arte son lenguaje sólo como escritura.*" En Teoría Estética.

[11] Este es un término tomado de la teoría de Foster en *El retorno de lo Real*, como refrendando el desplazamiento o *différance* como 'acción diferida'.

III. Periodización autoral

Una Aproximación...

En esta revisión expondremos algunas aproximaciones acerca de la periodización autoral que hasta el momento sólo se ha constreñido a la gran tarea que realizara, en su momento, Cedomil Goic en Chile y que, aunque se continuara usando, no sería del todo razonable su aplicación. Por lo tanto, mediante una exploración histórica, describiremos y problematizaremos esta contribución, con una mirada en los contornos de la obra de Juan Luis Martínez, pues, al parecer, la asistencia metodológica no sería suficiente, pues la sola idea de que los poetas y escritores o, artistas en general, coincidan siempre en esta geometría de las generaciones sin poder referir los contextos históricos, personales y socioculturales y estéticos no es posible, ya que esto último determina la producción, la publicación, la recepción y ciertamente, la genericidad y/o poliexpresividad de ella. En consecuencia una aproximación estético-cultural sería más acertada.

1. Algunos antecedentes...

Para que una generación literaria sea reconocida como tal, debe cumplirse con una serie de factores o rasgos tales como: proximidad entre los años de nacimiento, formación intelectual semejante, convivencia personal, un hecho generacional que les obliga a reaccionar y anquilosamiento de la anterior generación, mismo período de publicación, entre otros. No obstante, esto no es suficiente, ya Skarmeta (1968) en su artículo "Novela chilena: Otra vuelta a la tuerca", llamaba la atención sobre esto, refiriendo que "el todo de la evolución aparece fundado en la tradición literaria, y el método de Goic hace coherente una materia reacia a ser limitada. Además de proporcionar una imagen omnicomprensiva de la Novela Chilena, es un manual práctico que enseña a manejar el instrumental de la teoría literaria aplicándolo a casos concretos". Añade, además, que "en términos constantes y sonantes, Goic utiliza una versión libre del método estructural para estudiar en los capítulos iniciales la asunción de la Novela Moderna". Aunque, si leemos con atención, hay por una parte una contradicción entre la "materia reacia a ser limitada" con que "es un manual práctico que enseña a manejar el instrumental de la teoría literaria aplicándolo a casos concretos". Aquí por cierto, pensaríamos dos cosas. Una que no está de acuerdo, pues sería "reacia a ser limitada" y la otra que sí concuerda con él, puesto que "es un manual práctico que enseña a manejar el instrumental de la teoría literaria aplicándolo a casos concretos". Y por otra, que "utiliza una versión libre del método estructural". De tal manera que ya comenzaríamos a dilucidar que lo primero no es estar de acuerdo con Goic, sino que con su instrumento metódico que puede servirnos. Pero por otro lado está la voz más tradicional de la crítica literaria nacional, Alone, que señala, el mismo año, que

> todo está muy bien y revela gran sabiduría. Incluso la endemoniada jerigonza sirve, porque hay que traducirla y ese trabajo hace pensar, cosa que nunca sobra. Lo malo es que la estructura, lo estructural y sus leyes infunden esperanzas que están lejos de cumplirse. Deberían explicarlo todo o casi todo: en realidad, no explican nada. Son una especie de quinta rueda que, en vez de facilitar, complica la marcha del pensamiento y agrega a los libros una dimensión inútil, de tal modo que el lector acaba preguntándose con cierta impaciencia para qué lo habrán hecho trabajar tanto y que no valía la pena el esfuerzo. ("Crónica literaria", El Mercurio, 14 de julio, 1968).

Pero esto no termina aquí, más adelante continúa con la siguiente arremetida:

> Si el autor ha querido, como hacen los críticos, despertar el amor a la literatura chilena, e impulsar a las nuevas generaciones a estudiarla y conocerla, mostrándole sus bellezas y sus placeres, mucho tememos que el resultado sea contrario a este propósito y que los estudiantes le cobren a nuestra novela y nuestros novelistas un santo horror como imagen de oscuras complicaciones y de teorías dudosas. (*Ibid*)

POLIEXPRESION o ~~la des-integración de las formas~~

Sin embargo, habrá que buscar en la tradición literaria nacional para ir dilucidando estas cuestiones.

Ya antes, en 1850, el Presbítero Eyzaguirre[12] realiza una especie de clasificación o periodización, con el afán de dar a conocer los lineamientos de cada corriente general, es decir, la eclesiástica, la política (que en la época se reconocía desde la historia) y la literaria. En este sentido, el autor, lo que nos transmite son las características, más bien, que los géneros; o sea, aborda los rasgos más relevantes de cada obra y autor y, además emite un juicio; por lo tanto es un verdadero crítico y no un simple compilador. Aquí verifica la escritura de varios autores en las tres áreas mencionadas, destacando por ejemplo a Fray Juan Barnechea y a Córdoba Figueroa, como historiadores. A Sor Úrsula Suárez, en un análisis de su historia de las revelaciones. Al padre Juan José Guillermo y su obra *Náutica Moral* y un análisis de sus poesías latinas. Al padre Lacunza con un análisis de su *Venida del Mesías en Magestad (sic) y Gloria*. Y algunas noticias de los escritores Juan Ignacio Molina, Felipe Vidaurre, Diego Fuenzalida, José Rodriguez, Javier Zevallos y Domingo Anthomas; entre muchas otras figuras. De tal manera que lo que vemos aquí es un panorama bastante claro del estado o evolución de las formas o estilos de los escritores, algo que Lastarria habría adelantado ya, al realizar una correlación de los motivos independentistas de la literatura para generar definitivamente una identidad nacional, una literatura nacional.[13] Él es por cierto, uno de los primeros que señala que estamos ante una generación. Es quién, en su *Discurso de la Sociedad Literaria* nos adelanta una síntesis que prefigura una aclaración del panorama, pero que pudiéramos presentar como gérmenes de una generación y que, por cierto, así establece la del '42.

Lastarria reclama y reconoce, entonces, que son sólo cuatro los connacionales que puede citar como escritores antes de ellos: Oña, Lacunza, Ovalle y Molina, dado que "durante el coloniaje no rayó jamás la luz de la civilización en nuestro suelo" (7). Y desde entonces dominó el conquistador, pero no por los efectos de la colonia sino porque "cuando principió a erigir [sic] en crimen el cultivo de las bellas artes y de las ciencias, que no se presentaban guarnecidas con los atavíos embarazosos del escolasticismo y el santo oficio a perseguir de muerte a los que propalaban verdades que no eran las teolójicas [sic]" (7) y esto coincidió con la poca o nula escritura nacional, es decir, "sus producciones no son timbres de nuestra literatura, porque fueron indíjenas [sic] de otro suelo y recibieron la influencia de preceptos extraños"[14] (8), en consecuencia la nuestra es una literatura, más bien, nula. No obstante, más adelante señala que en 1810 si existe literatura alguna es porque responden a "ingenios americanos y chilenos" (*Ibid*), destacando a Camilo Henríquez como "ilustrado y profundo" (*Ibid*). Luego continúa con una calificación que llama la atención: "cuya aparición data la época de nuestra rejeneración [sic] mental" (*Ibid*), ya que se está desarrollando el mundo de las ideas que prueban la erudición y laboriosidad en la destacada publicación: *La filosofía del espíritu humano*[15]. Enfatiza entonces, el período de la ilustración en Chile.

Finalmente podemos decir que Lastarria (1842) da inicio al concepto generacional con la fuerza que tiene la época y las palabras de Artaud:

> La verdadera crítica confrontará continuamente la literatura y la historia, comentará la una por la otra y comprobará laproducciones de las artes por el estado de la sociedad. Juzgarálas obras del artista y del poeta, comparándolas con el modelo de la vida real, con las pasiones humanas y las formas variables de que puede revestirlas el diverso estado de la sociedad.

Con otras palabras, la o las generaciones serán distinguibles no por un método, sino por una realidad superior que es la relación sociocultural e intelectual que desarrolle el autor. Y, por cierto, queda comprobado en la mención que realizan los estudiosos, especialmente,

> Debido a esta amplitud del Movimiento, hay autores que optaron por calificarlo de intelectual (Lastarria 1868: VI) o literario y cultural (Pinilla 1942: 7). Fue caracterizado como ideológico (Pinilla 1943s: 86) para destacar su visión doctrinaria y quienes

POLIEXPRESION o ~~la des-integración de las formas~~

deseaban señalar la base vital del Movimiento, le dieron el nombre de Generación de 1842 (Huneeus 1910:114). Los autores que además le conferían especial importancia a su concepción de la literatura, hablaron de Generación romántica (Goic 1968:17) y los que preferían destacar las personalidades gestoras, lo llamaron -según sus respectivos puntos de vista- la Generación de Lastarria (Melfi 1937) o de Bello (Silva Castro 1960:11). Pero el apelativo que ha prevalecido en las historias de la Literatura Chilena y que nunca deja de mencionarse junto a los antes señalados es el nombre de Movimiento Literario de 1842. Por lo demás, también Jose Victorino Lastarria opta por esta denominación en sus Recuerdos Literarios, donde la utiliza para referirse a toda actividad intelectual progresista que entonces tuviera una significación moral, estética política y social. (Muñoz y Oelker 14)

Con posterioridad, casi un siglo más tarde, Melfi, el año 1929[16] en un ensayo muy lúcido pasa revista panorámica a nuestra historia, dando atisbos ya, de una tendencia generacional, especialmente cuando hace alusión a la aspiración de crear una literatura nacional, pues al hacerlo resalta las características necesarias de los cambios entre una época y otra, una generación y otra, por lo tanto entre las páginas 7 y 22 de su publicación formal del estudio en 1938[17] nos lo da a conocer en todo su esplendor, en donde podemos encontrar esta realidad, es decir, los rasgos incipientes de una posible periodización autoral, obviamente tomando en cuenta la endoculturación simbólica de cada autor y no de una metódica goiciana que clasifique las generaciones, pero que sí nos pone en alerta, pues es algo parecido a lo que va a ocurrir más adelante en Nuestra América, incluso en el mismo Goic.

Algunos aspectos, más literarios que metodológicos, que rescatamos de Melfi son los siguientes:

- La aspiración de crear una literatura nacional[18](8).
- Aparecería el criollismo[19] (8).
- Periodos turbulentos de 1a independencia[20] (8).

- La aparición del hombre *mediócrata*[21] *(9-11)*.
- Aparición de la generación de 1900 hacia el naturalismo y/o la pintura del campo[22] (11-21).
- Nueva generación: nueva geografía estética[23] (21-22)

De tal modo que para probar esta tensión, que siempre existió, al parecer, no es fácil; ya que tampoco escapan a esta realidad los grandes intelectuales de Nuestra América, como Anderson Imbert (1954) por ejemplo, quién señala, en términos similares que: "la excesiva regularidad indicaría que el historiador, por el prurito de embellecer su visión, se está dejando arrastrar por simetrías y metáforas. Hay períodos de larga estabilidad. Hay períodos cortos y rápidos" (8-9).

Revisaremos, pues, someramente, algunos antecedentes históricos para acercarnos a este prurito desde una mirada teórico-crítica.

Efectivamente, ya los precedentes para *Américalatina* están en Henríquez Ureña en su libro póstumo *Las corrientes literarias en la América hispánica* de 1949, quién propició una revisión desde a lo menos ocho puntos:

I. El descubrimiento del Nuevo Mundo en la imaginación de Europa.

II. La creación de una sociedad nueva (1492-1600).

III. El florecimiento del mundo colonial (1600-1800).

IV. La declaración de independencia intelectual (1800-1830).

V. Romanticismo y anarquía (1830-1860).

VI. El período de organización (1860-1890).

VII. Literatura pura (1890-1920).

VIII. Problemas de hoy (1920-1940).

POLIEXPRESION o ~~la des-integración de las formas~~

De tal forma que lo que proponía este intelectual era crear lo que para la época, influida especialmente por Martí, se llamó `nuestra expresión', donde `nuestra' refería siempre a *Nuestra América*, en oposición, por cierto, a la América estadounidense y a la europea.

Otro de los grandes que concibe la idea de *Américalatina* es Anderson Imbert en *Historia de la literatura hispanoamericana* publicada en 1954, quien propone una periodización, más bien socio-política, es decir, genera tres grandes visiones de mundo, organizadas por fecha de nacimiento, en las cuales vierte su teoría. Estas son:

I.   La colonia.
II. Cien años de república.
III. Época contemporánea.

Algo parecido haría años más tarde Osorio en *Las letras hispanoamericanas en el siglo XIX*. La gracia aquí no es sólo la vinculación con las fechas de nacimiento y de proyección, sino como éstas se organizan en torno al fenómeno social que va implicando la evolución desde la colonia hasta la modernidad:

Las letras de la emancipación (1791-1830)

La organización de los estados nacionales (1831-1880)

La modernización dependiente (1881-1910)

Lo reconoce críticamente, por cierto, ya en la introducción de su libro:

> Al estudiar la producción literaria de América Latina, la tendencia historie-gráfica tradicional ha buscado explicar y comprender el proceso literario fundamentalmente a partir del paradigma del proceso europeo (más concretamente, de Europa occidental).

Este procedimiento, de carácter deductivo, aplica una serie esquemática de «periodos» (como neoclasicismo, romanticismo, realismo, naturalismo) y de «escuelas» (como parnaso, simbolismo, decadentismo), en función de las cuales implícitamente se sitúa la producción literaria de nuestro continente como una especie de epifenómeno de las manifestaciones artísticas que se originan en los grandes centros metropolitanos. (15)

Posteriormente se abre paso otro pensador, José Juan Arróm, quién decididamente hace una relación cultural, por lo tanto se enmarca en la vida histórica del sujeto que escribe. En consecuencia, su obra estará plagada de la historia social e individual, esto sería algo así, como se llama hoy en día, más bien fenoménica.

También existen otros como Emilio Carilla, discípulo de Henríquez Ureña, que en su libro *El Romanticismo en la América Hispana* planteó una nueva forma de revisar el romanticismo. Por ejemplo en tres generaciones cronológicas y que sólo los nomina, pero que Silva Castro recoge con observaciones y las visibiliza del siguiente modo:

I. los nacidos de 1804 a 1826 formarían en la primera generación romántica;
II. en la segunda caerían los que surgieron a la vida de 1827 a 1845, y
III. en la tercera y final, los de entre 1846 y 1868. (1962 142)

Cabe destacar eso sí, que Silva Castro realiza, además, una observación respecto de este libro y de que el romanticismo no puede ser sólo una realidad cronológica ni geográfica, sino algo más que eso, como manifestación del alma, del espíritu que destaca caracteres culturales como la propia época en que se desarrolla la corriente en cada país a diferencia de la europea. En consecuencia se daría de modo distinto en Argentina que en Chile u otros. Pero también hay que considerar que él pensaba que estas realidades, por llamarles de algún modo, no se corresponden con

POLIEXPRESION o ~~la des-integración de las formas~~

escuelas sino con movimientos y por lo tanto tienen su base en un aspecto, más bien, neoclásico: culto y refinado y otro, de mirada interna: americana. Evidentemente este planteamiento es propio de él cuando se opone a Henríquez Ureña, especialmente sobre el modernismo, lo que nos hace recordar lo que ya adelantamos sobre el romanticismo, pues allí se revela que su espíritu crítico es coherente.

Y más adelante las historias literarias devienen no directamente por las generaciones, sino por las épocas. Piénsese aquí en Promis, que además asume los aportes de Goic, reparando, eso sí, que este modelo sólo actúa en relación de la novela, pero que podría ajustarse a las otras manifestaciones; proponiendo no sólo las épocas, sino también conceptos necesarios para entender este ordenamiento, tales como: el concepto y función del poeta, el de literatura, y la función de la literatura. También Nelson Osorio y Naim Nómez, de alguna manera, algo similar, establecen referentes históricos y evolutivos de la tradición literaria y no, necesariamente, la cronología metódica goiciana, sino también las experiencias y conciencias de los escritores en su quehacer, es decir, experiencia y conciencia de la literatura, la historia y la cultura en la que están insertos y que superan la mera europeización.

También podemos señalar otros rasgos que pueden ser de mucha utilidad al respecto y que fueron desarrollados por Luis Muñoz y Dieter Oelker el año 1993 a propósito de un diccionario que realizaron. En este despliegan los siguientes rasgos:

1) el origen y la significación del movimiento o el grupo en referencia;

2) sus actividades;

3) la poética explicita del movimiento o del grupo 0, en su defecto, la poética explicita del autor más representativo; y

4) la recepción critica del movimiento o grupo.

Y Goic, para estos efectos habría distinguido seis generaciones:

1. la generación de 1927 (nacidos entre 1890 y 1904),
2. la de 1942 (nacidos entre 1905 y 1919),
3. la de 1957 (1920-1934),
4. la generación del 72 (nacidos entre 1935 y 1949),
5. la del 87 (nacidos entre 1950 y 1964) y
6. la generación del 92 (nacidos entre 1965 y 1979).

Cada generación tiene quince años de gestación, de los treinta a los cuarenta y cinco y quince años de vigencia, de los cuarenta y cinco a los sesenta.

Pues bien, estos aspectos nos dan otras luces de cómo se podría abordar este problema de las generaciones, ya que no sólo se están refiriendo a la época, la historia, la literatura, sino que también a la cultura en la cual se insertaría el escritor, ya que "en la literatura se registra el modo como los hombres viven y sueñan su realidad histórica, social y cultural" (Osorio, 2000:16).

2. Algunas aportaciones...

De todas formas, lo más importante es tratar de establecer los parámetros goicianos. Él rescata conceptos importantes, tales como: obra literaria, análisis textual, periodización (historias internas y externas de la literatura) y en este apartado es donde resalta otros tres conceptos claves para su modelo: época, período y generación.

Lo primero, lo hace sin una clara intención cultural, es decir, sin una clara visión de que la cultura es la que determina el contenido y por lo tanto la forma. Es más, incluso en una de sus entrevistas del año 2009 en Revista Chilena de Literatura, N° 75, a propósito de recuperar conceptos, él vierte algunos, tales como que "lo más importante es, a mi parecer, el estudio de la obra individual, de los poemas particulares, cuyos análisis autoricen una generalización aplicable a un libro, a un período de la

POLIEXPRESION o ~~la des-integración de las formas~~

producción del autor y al conocimiento de la obra general de un autor y de su variedad." Y luego agrega que "no se puede llegar a esto último si no se ha analizado una variedad significativa de poemas y libros del autor. Esa variedad debiera mostrar la complejidad y la diversidad de formas, géneros poéticos, motivos y figuras retóricas de una obra extensa y compleja." Pues bien, si esto último no es cultura entonces sólo se estaría visualizando la forma de representación o performatividad de la estructura, pero no la "presentación", es decir, la realidad cultural que se quiere trasuntar a través de la mimesis y en consecuencia la forma sólo obedece, no a la autotelidad pura, pues sería reductivo y no creo que el Dr. Goic lo sea, sino como el mismo señala, a la autonomía de la obra como objeto de la crítica, de la ciencia literaria y de la historia literaria y de la historia de la literatura; el análisis intrínseco que intenta comprender y describir la estructura de la obra; el narrador, el mundo narrado, el destinatario implícito; la perspectiva del narrador, los modos narrativos y la disposición narrativa; la estructura del mundo de personaje, de espacio o de acción; el objeto de la representación, los niveles y los grados de seriedad de la representación; el análisis de aspectos históricos y genéricos: la asimilación o diferenciación de la novela precedente y de géneros semejantes y tendencias dominantes o secundarias, antes de establecer sus vínculos con el contexto, que no es otra cosa que la relación fenomenológica natural entre la cultura y la ontología, es decir, la cultura en que se haya el autor y el lector y la relación directa que hay entre la escritura y la lectura como goce, como experiencia y en consecuencia una actividad antropológica y cultural y no sólo como una teórica y estructuralista. Sin embargo, al apostar por la generación del 72, por ejemplo, él explica que, desde

> la noción de neobarroco de Sarduy [como que] es válida para definir aquel período en proceso, definido por el artificio, la parodia, la antinovela de formación, p.e., la tautología borgiana, el erotismo y la revolución y toda la contaminación o el dialogismo con el cine, la música pop, el baile, la prensa, la radio, la televisión, el cómic y los cauces como el diario, los apuntes y notas, libro de viajes, etc., formas de subjetivación, fragmentación y dispersión del relato. Y, en contraposición, la recuperación del

thriller y la novela negra con su rigor argumental. (Goic. Entrevista sostenida con *Guillermo Gotschlich*. 2009)

Esta aseveración nos dejaría en un espacio de dudas, dado que la generación podría tener otros antecedentes tanto o más relevantes, como la revolución del 58, por ejemplo. Pero también las bases de la posmodernidad de la generación del 87 y 2002 y, por cierto, la reflexividad estética en oposición a la ilustración o neoclasicismo americano que está terminando en las literaturas tardías como producto de la acomodación del modernismo y modernidad de los propios "llamados modernistas", o bien la influencia de la Guerra de Vietnam y antes la Segunda Guerra, etc. Por citar alguno, *Morirás lejos* de José Emilio Pacheco, nacido el 39, según la periodización de Goic, tendríamos que circunscribirlo a la generación del 72, pero la tradición mexicana lo sitúa en la del 50 y está publicando el 67, por lo tanto habría una diferencia de 28 años entre el nacimiento y la publicación del libro, siendo el primero el 63, a 24 años de vida. Lo que nos lleva a pensar que una generación tiene 15 años de iniciada, no correspondería a esta clasificación, ya que debería estar publicando entre los 30 y 45, que es cuando tiene la madurez. Y por otro lado, el motivo fundacional de su obra no es el neobarroco sino la reconstrucción histórica de la injusticia sobre el pueblo judío y la estructura de la obra, si coincide, a veces, con los retazos de otros géneros y/o discursos literarios. Pero aquí la clave es la transhistoria que evoluciona buscando, cual personaje al culpable (*eme*). Por lo tanto la trasgresión de géneros obedece al asumir la expresión que desarrolla en un momento determinado el autor y por lo tanto esta poliexpresión no es otra cosa que la expresión máxima de la intensión artístico-literaria del autor y que en seguida tiene como objeto probar la historia cultural del pueblo judío, pero que se occidentaliza con los recursos retóricos y estéticos para corroborar el horror antisemita causado a este pueblo en particular. En consecuencia la estructura de la obra es obediente al contenido e intención del autor, de probar con fragmentos documentales de la historia y de la cávala, la existencia de *eme* como base de la historia cultural y literaria, tanto de Ciudad de México como de toda la humanidad, y especialmente la judía. Superando la sola estructura objetual de la obra, es decir, la obra nunca es ella misma sino siempre es una inserción de la historia literaria anterior y de una posterior, ya que en términos slovkyanos o bien kristevianos, todo texto es absorción y transformación de otro.

En suma la pertenencia o no a una generación no pasa sólo por la cronología, la obra, los pares, las publicaciones, el sistema poético o poética de la prosa o de la poesía, según sea el caso, la historicidad, lo social, etc. O en términos goiceano, no bastaría con la obra literaria, el análisis textual y la periodización, sino que faltaría la decisión del autor, consciente de su oficio, en la mimesis que éste quiere hacer y esto sería relevante, pues es posible que alguien de la época, de la generación, tome los aspectos intra y extraliterarios y cree articulando el pasado artístico-literario concretizándolo en aplicaciones polimodales en la obra, anonimándose así mismo en ella para des-aparecer (aperentemente) como autor. Entonces este modo ya no cabría en los paradigmas mínimos de la narración, que serían 'las características de la generación', dado que tanto en el principio como ahora son sólo modos de construcción, pues los géneros se hibridan, 'tribridan' y por lo tanto coexisten géneros y paradigmas, pues responden sólo a modos de escribir o de re-presentar la realidad como una manifestación más desde la ubicuidad del autor en la cultura. Por aquello de época, período y generación no corresponde sólo al interior de la obra sino a la globalidad de ella, es decir, interna y externa, tanto de la obra como del autor y el receptor, pues es en esta triada que se cumplimenta. Sin embargo es el autor y la obra la que se expresan y/o re-presentan y en definitiva estos son los que variarían, en primera instancia, conscientemente la forma de decir y por lo tanto de incorporarse a la historia interna o externa para reflejar el mundo y su propia cosmovisión, que es lo que hace también, por ejemplo, Juan Luis Martínez, que es por excelencia un romántico desde Novalis y Hegel, por una parte y desde el silencio originario como la 'simismidad' oriental, lo mismo que la precolombina, que no hace desaparecer al autor sino que realiza la aparición de la naturaleza propia del hecho, acción, sujeto o realidad. Con otras palabras, hace notar la presencia y no la performatividad o re-presentación que sería lo occidentalizante y por ello se apreciaría como si fuera un simulacro surrealista o posmoderno en que desaparecería el autor. No. Aquí se trataría, más bien, de que el autor, a través del origen de la percepción o sensopercepción participa como mediador entre el lector y la realidad re-presentada[24] que se hace substancia, esencia y desde aquí presente-realidad. Por lo tanto la apariencia surrealista no es la oposición o superación del naturalismo sino la superación de la poesía misma en una época en que se debe señalar su existencia desde la esencia originaria: la percepción o sensopercepción de ella en todas sus formas posibles desde, por cierto, la intencionalidad, incluso ética del autor[25] y no desde la época, período y generación, pero que sí se actualiza en el sentido todo, mediante la endoculturación del hecho artístico y estético. Ya que tal como señala Gadamer, cada poema propone un diálogo que se inicia con la pregunta que tiende hacia la unidad del sentido (*cf.*1993 148). Por lo tanto el autor sólo activa un diálogo desde el o los fragmentos con los que desea provocar y ensayar el sentido confrontado con el lector. Y la base de esta confrontación es la esencia que el autor descubrió y que desea mostrárnosla como una presencia de la percepción y no de la re-presentación de la percepción como estamos acostumbrados, pues siempre partimos de la re-presentación de la realidad que hace el otro para interpretarla y/o situarla en la época, el período y la generación como una totalidad. En este caso es sólo una evocación de la totalidad mediante un fragmento o esencia que se articula en una ficcionalización. Aunque efectivamente inicia su tarea desde lo que he llamado galicismo mental[26], lo mismo que un gran estudioso lo hizo en su momento sobre Darío. Por lo tanto se asume este galicismo como el motor lúdico en Martínez, que no sólo lee a los franceses como Darío sino que también los asimila de otra forma, no sólo como una simple tradición sino que como una parte integrante del constructo poético, toda vez que fue comprehendido. En consecuencia ese aprendizaje o incorporación es la base de la creación martiniana. Además, esta tarea fue ejercida por él a propósito de juegos intelectuales en el café cinema con Juan Cameron, Eduardo Parra (de los Jaivas), Gregorio Paredes y Raúl Zurita. No constituyendo ni grupo ni movimiento literario, eso sí.

Ahora bien, en este sentido coincidimos con lo expresado por Cedomil Goic (1988) quién escribe que hay aspectos inmanentes de la obra como por ejemplo análisis textuales que evidencian estructura tanto del narrador como de la novela y contenido del mundo posible y cómo éste se articula en la obra (mimesis, argumento, fábula, etc.) y que aunque

POLIEXPRESION o ~~la des-integración de las formas~~

lo refiere sobre la narrativa de la época o generación, responde al mismo uso que realizan los poetas en el mismo período y por lo tanto la tan mentada periodización, la que está referida a las historias internas y externas de la literatura, es decir, aquello que incide en la forma (transformaciones y modos de existir de la misma) y en el fondo (el contenido –como el contenido vierte la historia social o institucional de la literatura- como señalara el mismo Gioc) cruza la producción y recepción literaria.

Es en este contexto que resaltamos y ponemos en un circo [¿en llamas?] la generación a la cual pertenecería Martínez, nacido el '42 y publicado el '77 -35 años de edad tendría en aquella época-, por lo tanto no se cumpliría lo que manifiesta el Dr. Goic, tomando en cuenta que Martínez no se agrupa generacionalmente ni tampoco lidera conscientemente un movimiento como tampoco declara manifiesto alguno ni sugiere modos colectivos de creación aunque si se cumple los 15 años de vigencia entre la publicación y su "presencia", ya que se le conoce hasta entrada la década del 80 y cuyos primeros estudios al respecto, salvo un artículo de Jaime Quezada ('77), son posteriores. El más decidor es el de Lihn y Lastra ('87), posteriormente vendría una seguidilla de tesis y artículos, incluso el mismísimo Ignacio Valente no le da "bola", sino que superpone a Zurita (1951), tal vez resolviendo de inmediato la generación que continúa, la del 87 (nacidos entre 1950 y 1964) y la generación del 92 (nacidos entre 1965 y 1979). Cada generación tiene quince años de gestación, de los treinta a los cuarenta y cinco y quince años de vigencia, de los cuarenta y cinco a los sesenta. Pero, querámoslo o no, persiste una inquietud, dado que Ricardo Cuadros en 1997 pone un grito de alerta, especialmente al revisar el estudio sobre *La novela chilena*[27] de Rodrigo Cánovas, específicamente desde la cuestión generacional que allí se trata. Él escribe que la noción generacional no proviene de Ortega y Gasset sino del positivismo francés a través de Auguste Comte en 1839 y que posteriormente se alude a ella en Alemania por Wilhelm Dilthey los años 1865 y 1875 y a que luego vuelve con Wilhelm Pinder en 1926 como base teórica de *El problema de las generaciones en la historia del arte en Europa* y del cual se habría alimentado Ortega y Gasset en dos períodos: el '20 y el '23 y del cual se habría nutrido también Goic, pero con más ahínco, este último, lo habría hecho desde el alemán Pinder. Cabe señalar, como es sabido por todos, que la teoría orteguiana no surge de la nada sino que tiene su base en los presocráticos y no sólo en el motivo evolucionista o biologista como lo llaman algunos. Por cierto, que es Aristóteles el que lo habría desarrollado con mayor claridad, ya que implicaba el movimiento del 'no ser'; lo que a su vez involucró el cambio absoluto de una generación absoluta y un cambio relativo de una generación relativa, dado que el movimiento ocurriría desde el 'no ser' desde el 'Acto' o 'Actual' hasta la 'Potencia' o el 'Potencial' y esto ocurriría en el 'no ser' relativo. De ahí que el cambio se mueve más con la extrahistoria que con el potencial de la intrahistoria (que se asociaría con la inmanencia), aunque luego cuando se reconoce una obra, un autor, entonces el movimiento más significativo va desde el 'Actual', es decir, desde el momento en que lo veo, lo leo, lo vivo hasta el 'Potencial', o sea, hasta comprehender la obra intrahistóricamente al complementarla, necesariamente con los movimientos de la extrahistoria interna del sujeto, ya que esta determina, quiéralo o no, la mirada con que se moverá el 'no ser' relativo, especialmente como una nueva realidad intertextual y no sólo de intrahistoria de la obra. Y este sería el ambiente de una generación, puesto que al intentar dar con el 'no ser' absoluto, el hilemorfismo, sería más fácil de determinar, puesto que éste sólo da cuenta de la materialidad y su capacidad de movimiento y por ello se confunde con el 'no ser' absoluto, como si esto fuera la inmanencia. Más tarde fue aceptada por los escolásticos medievales y aquí, Santo Tomás de Aquino, siguiendo a Aristóteles, consideraba que una generación es un 'llegar a ser', o sea un Potencial. Y esto sería muy relevante para Cuadros, ya que permitiría entender el verdadero contexto de las llamadas generaciones, o sea, ir del 'no ser' al 'ser' y, para nosotros sería de extraordinaria relevancia un paso siguiente: 'el llegar a ser', lo que necesariamente ocurriría en términos socio-culturales más trascendentales y no sólo, sobre todo, el marco en el que habría trabajado Goic, el cual lo habría realizado, más bien, desde una esfera geométrica o aritmética, pero que no permite dar cuenta de la evolución real, situación que destaca también Cánovas al nominarlo como "carácter evolucionista" (1997:33) y también agrega que: [hay] "modelos científicos que proponen complejas teorías para relacionar al sujeto con su tiempo y sus creaciones en el vasto universo" (34) y por lo tanto podríamos deducir nosotros que Goic, si bien nos ordena y organiza metódicamente en la cuestión generacional, olvida o pasa por alto el propio ritmo de la historia. Cuadros, lo plantea de la siguiente manera:

> Cánovas ejemplifica esta segunda debilidad del modelo generacional aludiendo a la imposibilidad de distinguir *"un mismo sistema preferencial"* (34) en regiones distintas del subcontinente. Agreguemos que no hay que ir tan lejos: el establecimiento de un 'sistema preferencial', etapa determinante para elaborar el perfil generacional, incapacita al modelo generacional para comprender singularidades y desigualdades, aquí mismo, en Chile. (1977 párr. 8)

De tal suerte entonces que persiste un error metodológico, pues la sola idea de que los poetas y escritores o, artistas en general, coincidan siempre en esta geometría de las generaciones sin poder referir los contextos históricos, personales y sociales no es posible, ya que esto determina la producción, la publicación y la recepción, y por supuesto lo más relevante: el significado, el sentido. En consecuencia es necesario pensar en que las categorizaciones históricas siempre están en constante tensión, ya que no necesariamente se corresponden con las literarias, bástenos una simple revisión histórica de la literatura para darnos cuenta que nada de esto está resuelto, todo lo contrario, cada vez se abre un nuevo portal para ello, es decir, cada vez conviven al mismo tiempo las generaciones, las corrientes literarias, y más todavía, cuando la forma sólo es dependiente del contenido, salvo en aquellas épocas en que la forma es rígida. Y además debe pensarse en que el tejido sociocultural puede ir más rápido o bien con otros intereses, como por ejemplo el desplazamiento de una posible generación por la influencia del medio, de la massmediación por ejemplo, como lo fuera la Zona de Contacto de El Mercurio, pero al mismo tiempo, al parecer, Goic denostaría esta situación, la de la relación sociocultural, pues habría preferido la relación, más interna de la literatura, ya que "Goic descarta de modo explícito las posibles relaciones de las obras con el medio socio-cultural en que se producen y circulan. Explica que su preocupación es *'la historia interna'* de la literatura, es decir, su engarce diacrónico a través de las generaciones de narradores, y que los datos de recepción literaria o manifestaciones públicas de los autores son irrelevantes para comprender el progreso de este género literario" (párr. 10). Por lo tanto la generación a la que pertenece el autor que ensayamos, puede perfectamente estar en relación presentable (moderna) y/o impresentable (modernidad en crisis o posmodernidad lyotariana), lo que implicaría que podríamos designarle desde una mirada moderna una generación, es decir, desde una mirada interna de la literatura y, sin generación literaria, desde una mirada externa, sociocultural, no-presentable. Como sea, la periodización no puede separar la producción de la creación ni la época de la producción, ya que el horizonte de expectativas es determinante, tanto en el autor cuando 'lee y/o recepciona' el mundo y del lector cuando lee y recepciona la obra. Depende también de las opciones estético-ideológicas del momento histórico (Cuadros 2005). En fin, la canonización o determinación de una obra de arte no sólo depende de lo que 'la' época entiende por canon, sino también de lo que hace 'la' obra de arte a la evolución natural de la tradición, sea ésta meramente histórica o tendencial; parafraseando a Koselleck , "ya del uso cotidiano del lenguaje se desprende que, en tanto que expresiones, "experiencia" y "expectativa" no proporcionan una realidad histórica, como lo hacen, por ejemplo, las caracterizaciones o denominaciones históricas." (334)

Finalmente nos quedamos con una aproximación más real, dado que "toda referencia a la periodización debe ser sólo una referencia hipotética" (Llovet 86), pues por una parte nos facilita esta situación y por otra pueden ser superados por los límites de la originalidad literaria (86) o bien que una obra anticipa tales rasgos (87). Por lo tanto siguiendo esta lógica podemos ordenar "*Algunos temas y problemas de la literatura chilena*" con las ideas que vierte Manuel Jofré (2004)[28], el que establece que existen tres problemas, seguramente siguiendo a Goic, pero pasándolo por el cedazo sociocultural:

- La propuesta de organización más tradicional es mediante las generaciones: esquema informal [el que llamamos histórico o categorizaciones históricas] (generaciones del '38, del '50, del '42, del '87, etc.) y uno más formal [el que llamamos literario o

POLIEXPRESION o ~~la des-integración de las formas~~

categorizaciones literarias] (generaciones superrealista, neorrealista, irrealista, los novísimos, etc.).

- Un segundo problema: Suele confundirse el naturalismo con el realismo, en la narrativa y lo vanguardista con lo experimental, en la poesía. [Por lo tanto] Para construir una historia de la literatura chilena hay que basarse en dos criterios, articulándolos: La periodización intraliteraria y la periodización extraliteraria [aunque este pasaje, eventualmente sería el mismo propuesto por Goic]

- Un tercer inconveniente que emerge es el desfase entre la historia de la poesía chilena y la narrativa chilena. [...] La actualización crítica de la sensibilidad lírica precede pues a la sensibilidad narrativa, por unas cuatro décadas.

No obstante, esto no podrá ocurrir sino a través de una historia literaria que recoja ambas posibilidades: una histórica propiamente tal y la otra como constituyente de un proceso (Villegas, 1984: 17) histórico.

Por lo pronto, de todas formas, la mejor manera de iniciar es internándose en estas cuestiones con alguien que lo ha vivido, tal como lo atestiguan Chandía Fica y Rodríguez Saavedra con la voz del poeta y crítico Sergio Saldes Báez:

> el proceso formativo de ella se desarrolla bajo dictadura, nuestra educación media y universitaria -los que la tuvieron- fue durante la dictadura, por tanto, todo el sistema con que fuimos formados fue el sistema que la dictadura implantó. Es una generación que no tuvo exiliados, ni relegados, y ésa es una de las razones de por qué desde el punto de vista de la escritura de la obra, el tema del '73 no aparece. El golpe no es una experiencia vital, directa para nosotros" (2000 1)

"Nosotros -continúa Saldes Báez- aún estamos en proceso de gestación o de emergencia -como se dice actualmente- , pero aun así nosotros hemos entregado una concepción de la poesía diferente en

Chile". Pues es entonces aquí donde debemos comenzar, identificando lo intraliterario y lo extraliterario, además del 'yo textualizado' y como, en realidad ocurrió, ya que: "Huérfanos de sus antecesores y referentes artísticos, los poetas de la década de 1980 fueron articulando gran parte de su producción en torno a elementos ya utilizados por la generación de 1960, principalmente aquellos provenientes de la poesía de Nicanor Parra y Enrique Lihn, por una parte, y de la poesía lárica de Jorge Teillier" (Memoria Chilena. 2004). Esto es, coincidentemente, según la voz de Javier Bello (2006):

> La situación generada tras el golpe de estado de septiembre de 1973 sigue siendo determinante para la comprensión del giro que algunos poetas de la década del 70 ejercían en el panorama de la literatura nacional, estableciendo el contexto que perfilará posteriormente las obras que aparecen durante la década siguiente. Con la intención de alejarse de la retórica contingente que ocupaba parte del espacio de la creación (en tanto retórica) y de cierta representación maniqueísta de la realidad, aparece la ruptura artística que proponen las obras neovanguardistas. (1)

Finalmente podemos situarnos en los contornos más cercanos a la época sin olvidar que, en algún momento de nuestra historia, se establecieron cuatro grupos sobre los cuales subyace el estudio generacional, en cierta medida, en la nueva poesía chilena y que se fue desarrollando progresivamente en estos treinta años[29]. A diferencia de Goic, se califican por su modo de ser escritural y por lo tanto la cuestión de las generaciones se daría, más bien, por la relación del modo escritural y de ser, que del método generacional. Dado que "la literatura chilena se inició en torno a un canon único durante la generación romántica de 1852 (también llamada movimiento intelectual o generación de 1842), pero a medida que la sociedad, la cultura y el arte se han desarrollado en interacción con sus homólogos occidentales y latinoamericanos han aparecido cánones diversos, paralelos y contrapuestos" (Carrasco 2008 147) Por lo tanto, el método goiciano no sería la base ni la explicación, sino una herramienta de organización, toda vez que se ha identificado el modo escritural. Del mismo modo, el Dr. Carrasco considera que las manifestaciones o representaciones socioculturales, expresadas en sus propias diversidades, llegan a instituir luego, la tradición:

> La literatura es institución y, como tal, un modo de representación de nuestra historia, de nuestro modo de ser, nuestros sueños, represiones, fantasmas y utopías y, como tal, el centro de su representatividad lo constituyen las identidades que se han construido en el discurso literario canonizado, en conexión con el canon pedagógico, los discursos públicos, jurídicos, políticos, religiosos y sociales.
> (*Ibid*)

Lo que, por cierto, se puede apreciar en las siguientes categorías que había identificado ya él, en 1989:

a. poesía neovanguardista

b. poesía testimonial de la contingencia

c. poesía religiosa apocalíptica

d. poesía etnocultural

De tal manera que la nueva forma de ver y auscultar el mundo poético no es el método, ni cartesiano ni goiciano, sino que la propia evolución o movimiento de la cultura en tan 'no ser', es decir, en tanto realidad única que se identifica y autentifica con un Acto cultural o sociocultural hasta desplazarse a un Potencial, también cultural o sociocultural hasta configurarse como manifestación artísticoliteraria y sobre esta base gestar el corpus canonizante o no, generacional o no.

Más tarde, el poeta y crítico Andrés Morales (2010) suma otras categorías por las que se mueven las tendencias de la época y de la cual es parte también como creador:

a. poesía metapoética

b. poesía urbana

c. poesía de las minorías sexuales

En efecto, ambos teóricos nos sitúan en el 'modo' literario y no en el 'método'. De tal manera que el 'modo' es más antropológico y por lo tanto más cercano a la realidad poética. En tanto el método sólo nos apoyaría en la contextualización primera del escritor, es decir, en los datos duros que dan cuenta de una caracterización de posible época o generación, pero no de la vida literaria y su vivencia que son más dinámicas de lo que alcanzamos a registrar en una instantánea generacional. Y este, al parecer, sería el *leitmotiv* del método goinciano: una instantánea de la época en torno a unos cuantos escritores destacados con similitudes en su existencia y gestación escritural.

3. Otros contornos sobre periodización: aproximaciones contextuales a Martínez.

Veremos a continuación, por ahora, una aproximación a algunos contextos o referenciales históricos de la vida de Martínez. Estas realidades, extra e intraliterarias[30] podrán acercarnos a la periodización martiniana, sin embargo no podría situarnos concretamente, dado que no a todos los escritores de la época les hace el mismo sentido estas dos realidades que, en alguna medida, determinan a la (supuesta) generación.

3.1. Extraliteraria.

En la década del '60 la realidad es, más bien, cruda y abierta, ya que se liberan algunos códigos ideológicos desde la revolución cubana (1959), la guerra de Vietnam (1958-1975), la crisis de los misiles (1962); el

POLIEXPRESION o ~~la des-integración de las formas~~

asesinato de Kennedy (1963), que marcó histórica y tenebrosamente la identidad estadounidense; la revolución de los jóvenes franceses (Mayo Francés, 1968), en América Latina, especialmente en Chile, se consolida el socialismo y llega al poder (1969-1973) y se instala como gobierno el 04 de septiembre de 1969; y se producen también las últimas descolonizaciones o independencias. En Chile se desarrolla con fuerza la expansión de la vanguardia, pero con el arraigo más social, como fenomenología de lo social que acontece con vertiginosidad. Con posterioridad, en Chile, se conoce como literatura de post-golpe aquella desarrollada entre los años 1973 hasta 1989, ya que con el advenimiento de la democracia en 1990 en que asume un civil como presidente de la República cambia el contexto histórico y el literario también, después de 17 años de dictadura militar, en cuyos primeros años, promulgó una ley de emergencia: 'Estado de sitio hasta el año 1978', en que cambió por 'Estado de emergencia'. Pero posteriormente, en 1983, con el desarrollo masivo del descontento nacional, se promulga una vez más el 'Estado de sitio'. En estos plazos ocurrieron muchas cosas que llamaremos 'de la barbarie': las persecuciones, detenciones ilegítimas, apremios y torturas, hasta la ejecución y desaparecimiento de personas opositoras al régimen. Por lo que esta literatura desarrolla tanto un desplazamiento temático y composicional como lingüístico, pues la represión frente a los creadores e intelectuales también fue muy fuerte y por consiguiente los códigos comienzan a complejizarse en pos de una autocensura y sobrevivencia en el arte. Sólo así era posible registrar el acontecer poético y narrativo. No había otra manera de reflejar y denunciar lo ocurrido. En consecuencia se inicia un 'nuevo escribir', que sin querer se va transformando en ficcional e ilusorio. Se asemeja a los códigos de la vanguardia, sin serlo, ya que la intención de la mayoría, al menos, no era cuantificar el arte sino sobrevivir con él. Por consiguiente, la mudanza de formas de decir, de enunciar fue vital para re-activar lo que algunos llamaron el apagón cultural, realidad muy discutible, ya que todo actuar artístico fue soterrado los primeros años; de manera tal que, las manifestaciones eran clandestinas, pero de ningún modo 'mudas, sordas y ciegas', y por otra parte era el re-actualizarse inherente del *continuum*. Más tarde se hacen ver a través de revistas artesanales, encuentros en poblaciones, canchas, peñas; y finalmente se abren los Encuentros de escritores, incluso en universidades que estaban al mando de los militares, como por ejemplo el Instituto Profesional de Osorno (IPO) en Osorno, en la década del ochenta. La creación no fue diezmada como se ha creído, sino una generación de intelectuales, la que, en su mayoría, fue exiliada. Empero sólo nos referiremos a los 'insiliados', y más todavía, aquellas formas que se desarrollaron con fuerza para combatir contra la dictadura y contra la tradición literaria, ya que las generaciones inmediatamente anteriores, las del 50 y del 38 no dejaban avanzar a los noveles. Por ello que se dio en llamar la literatura emergente, de avanzada, o simplemente, contestataria, marginal o de neovanguardia, además, por cierto, de las connotaciones políticas que se fueron desarrollando concomitantemente, en especial, la contestataria y la marginal, pues, como señaló el poeta Jorge Montealegre (1983), la generación de poetas que debía darle continuidad a la actividad iniciada en la década de 1960 fue "una generación de la diáspora y el exilio interno. Una promoción que descubrió la palabra en el desgarro colectivo: inspiración de las bocanadas de humo de septiembre de 1973".

Ahora bien, la escritura hace surcos en la tradición, y lo hace desde la redefinición del sujeto discursivo, es decir, desde la relación del sujeto con su discurso, ya que la escritura es un lugar en donde se representa el sujeto, y se reestructura al objeto perdido. Y por otra parte, los textos constituyen una especificidad en su complejidad formal, en tanto texto literario, y como instancia crítica de lo social manifestado. Por lo tanto, como expresara Sylvia Trafa, "el texto literario funciona como un metalenguaje que problematiza el significado referencial en vez de transmitirlo, reflexionando críticamente o parodiando las convenciones estéticas que gobiernan su propio discurso" (1998 18) "Pues si la literatura es "el proceso y el resultado de la composición formal dentro las propiedades sociales y formales del lenguaje por razones ideológicas este proceso puede ser ocultado o suprimido"" (Amícola y de Diego 2008 12)

3.2. Intraliteraria.

Toda esta poesía se caracterizaba por un contenido bastante desgarrado, escribió Javier Campos (1988 20), refiriéndose a la época inmediatamente anterior (la del '60), con el que se contemplaba la realidad,

POLIEXPRESION o la des-integración de las formas

pero recurriendo a formas bastante desacralizadas de poetizar (frases hechas lexicalizadas, giros coloquiales, núcleos anecdóticos, elementos conversacionales, remotivación de viejos tópicos, readaptación de algunas estructuras tradicionales de versificar, entre otras). Y por cierto, la propia poesía resolvía el desprendimiento de esa angustia y desgarro, a través de imágenes que recurrían, pero que indicaban también sus transformaciones o remotivaciones. De manera que la textualización reemplaza a la actitud lírica, es decir, el hablante lírico se transforma en el sujeto que desea y éste crea entonces una suerte de ficcionalización al interior del poema. Pero el rasgo más relevante de esta época es que la influencia del surrealismo es tal que se ubican figuras de carne y hueso que han adaptado la vanguardia: la generación del '38, por ejemplo, que forma la "Mandrágora" en 1937 y cuyos fundadores fueron Braulio Arenas, Teófilo Cid y Enrique Gómez-Correa, a los que se sumaron otros como Vicente Huidobro y Gonzalo Rojas. Y por otra parte surge una nueva poesía, que a la larga conoceríamos con el nombre de Antipoesía. Gracias a que en 1938 Tomás Lago publica una antología, aquí los jóvenes poetas se consideraban completamente distintos de los anteriores, ya que ellos postulaban a la claridad conceptual y formal, cuyos antecedentes estaban en Vallejo y en De Rokha; postulaban a la claridad, se oponían a lo oscuro, creacionista y hermético de los surrealistas. Ya en 1954 se publica *Poemas y Antipoemas* de Nicanor Parra. El antipoeta está, efectivamente, frente a una nueva etapa, marcada por la poesía de Neruda:

> Yo decía [señala N. Parra]: De qué está hablando Neruda; por qué no hablará -me preguntaba yo, que era un muchacho, un niño de veinte años- de los problemas que tenemos a diario". Entonces me pareció que había un gran vacío, una gran grieta, entre la literatura y la vida real. Yo dije: "Esto no puede ser, los poetas nos están haciendo huevo de pato"(Iván Carrasco 1999 51)

Posteriormente vendría la generación del 50, que la integraban algunos poetas tales como: Enrique Lihn, Jorge Teillier, Efraín Barquero, Armando Uribe, Miguel Arteche, Alberto Rubio, Sergio Hernández Romero, entre otros. La poesía sobresaliente aquí indica Carrasco (1999) es la de Lihn; "cuya poesía refería a una realidad contemporánea y urbana más compleja, configuraba en un todo dialéctico la desconfianza de la poesía, pero el convencimiento que ella podía dar cuenta también de las personales incertidumbres y desalientos. Al poeta ya no podía bastarle una fugaz inspiración para expresar esa nueva complejidad, sino precisar su escritura a través de un exigente oficio autoasumido" (27). Empero hay otras lecturas en autores tales como Villegas (1993), por ejemplo, que dice que "el discurso lírico y la opinión sobre él son actividades discursivas, por lo tanto inmersas en las condiciones ideológicas, políticas y económicas en el momento de su producción" (19) -añade enseguida-:

> Una de las consecuencias del pronunciamiento militar del 73 fue el desalojo de los grupos de poder culturalmente hegemónicos durante 1970-73, el cual conllevó un desplazamiento de los códigos culturales y estéticos dominantes. En la lírica, se manifestó en varias direcciones. Por un lado, los poetas que asociaban con la Unidad Popular -cuya voz y tono correspondían al del poder político y para quienes las posibilidades de publicación habían aumentado con la Editorial Quimantú y las revistas de izquierda entre 1970 y 1973- se encontraron súbitamente en una situación en la que eran perseguidos o excluidos. Fenómeno que los llevó a silenciar sus inclinaciones políticas y a cambiar la función y el tono de sus textos. (*Ibid*).

Dichos que coinciden, además con Javier Campos (1988) y otros que han pregonado lo mismo. El *continuum* literario recoge algunos elementos de la fractura, de la supuesta ruptura de la poesía chilena; pero debemos reconocer que todos los movimientos o golpes al interior de la literatura, de la tradición han sido siempre antes de que la historia lineal reconozca lo suyo. De tal modo que aquí la ruptura es una constante de la tradición literaria, y por último de la modernidad.

POLIEXPRESION o ~~la des-integración de las formas~~

4. Una aproximación conclusiva

En definitiva, una aproximación conclusiva, la ruptura literaria no es consecuencia del '73, pero tampoco se escapa de éste, ya que quienes deciden escribir y crear, comprometidos o no, infringen una elaboración al significante, es decir, articulan de modo distinto las palabras y los recursos artísticos; mas esta realidad recursiva ya existía en nuestra tradición, por lo tanto, esta es la relación intraliteraria; sólo se van a ver afectadas por la realidad social de cada autor (relación extraliteraria); empero también será cada autor quien decida su propio compromiso con el arte tal como señala Rojo (1987) con la voz de Zurita; más bien, han de ser "portadores de una excentricidad que no habría existido entre los poetas del pasado y que tampoco existe entre la mayor parte de los del presente, seguidores éstos de "la antipoesía [de Nicanor Parra], la poesía de los lares [de Jorge Teillier], la poesía epigramática [de Armando Uribe], y el influjo nerudiano"" (58). Y por otra parte, no basta con la sola historización de la periodización o de la generación, sino que habrá que integrar estas dos primeras como cuantificación social y artística, léase tradición o *continuum* y, la *literariedad* como cualificación de una verdad estética, léase *lógica de la ilusión*[31] en una dominante cultural específica o 'intensidades', y que no se corresponde con la mera estructura sino también con la de(s)contrucción de la manifestación artística literaria.

En consecuencia, si observamos la realidad literaria bajo los prismas goiceanos, veremos que no basta con los basamentos que su método nos prodigó por muchos años desde la narrativa, sino que se extrapoló y por lo tanto apoyó algunos postulados al respecto en la poesía también. Sin embargo, debemos señalar que al rigor de los términos o conceptos utilizados por Goic, podemos verificar que éstos son diferentes en cada trazo de la historia y por lo tanto se manifiestan de modo distinto cada uno de ellos, lo que se puede apreciar en la forma del objeto estético, en el dominio genológico del mismo. Y esto sería determinante para entender la-no-generación martiniana, o sea, la adscripción de Martínez a ninguna generación literaria, salvo en aspectos generales.

[12] Ver el XI capítulo de su libro Historia Eclesiástica, Política y Literaria de Chile. Tomo II.

[13] Ver el Discurso de Lastarria de 1842.

[14] Se refiere aquí también a que la autoridad mal empleada por los españoles, muy despótica, genera la nula posibilidad de desarrollo integral, "Mas no bastaba privar a los americanos de la libertad de acción sino se les privaba también de la del pensamiento", indica Lastarria.

[15] Publicado por primera vez el año 1834 por Ventura Marín para el uso del alumnado del Instituto Nacional. Remito, respetuosamente al lector, al prólogo de aquella publicación, pues sólo de este modo se comprenderá el énfasis de Lastarria. Ver on line: https://books.google.cl/books?id=RZgpAAAAYAAJ&pg=PP5&lpg=PP5&dq=La+filosof%C3%ADa+del+esp%C3%ADritu+humano+en+chile&source=bl&ots=Yeybgpg7Cc&sig=GuVxowFAhJYHfBjyZKkO2vMNYJM&hl=es419&sa=X&ei=YIAmVc2KE4m1sATn8ILIAQ&ved=0CC8Q6AEwBA#v=onepage&q=La%20filosof%C3%ADa%20del%20esp%C3%ADritu%20humano%20en%20chile&f=false

[16] Publicado en Septiembre en el Diario La Nación de Buenos Aires y posteriormente, el mismo año, en Octubre, en la Revista ATENEA.

[17] Ver en on line en http://www.memoriachilena.cl/archivos2/pdfs/MC0013783.pdf

[18] Sobre todo con Lastarria, después que la generación de 1842 sucede a los días agrios de Portales, ya que "Portales ha hecho la República, la ha plasmado después de la independencia, la ha extraído del torbellino de las asonadas militares. Pero el fantasma no ha desaparecido. Empieza el idealismo político, la vida azarosa de los tribunos. La juventud traza gestos románticos en los clubes secretos, en las asambleas revolucionarias"

[19] Al señalar que José Joaquín Vallejos (Jotabeche) es el primero en realizar las ideas del solitario Lastarria

[20] Al detenerse en Blest Gana, como el novelador de los últimos restos coloniales y de emancipación. Blest Gana revive los periodos turbulentos de la independencia.

POLIEXPRESION o ~~la des-integración de las formas~~

[21] Remitimos al lector a las páginas señaladas, 9 y 11 del libro de Melfi para vislumbrar la idea que propone sobre el nuevo hombre y que en alguna medida se generaliza en la nueva época.

[22] Pero que, según Melfi, va con distintos matices, desde el criollismo hasta la corriente de la conciencia y el vanguardismo, pasando como viajero o como campesino desde el campo a la ciudad o al mundo, pero no abandonando el naturalismo de Zola. Todo ello lo podemos apreciar entre las páginas 11 a 21 del libro

[23] Aquí destaca a Neruda y a Rosamel del Valle, ambos de provincia.

[24] Por ejemplo, los collage y/o recortes, supresiones en los recortes y ensambles que hace Martínez no se corresponden con el superrealismo y la vanguardia propiamente tal sino con la esencia de lo que quiere decir y por lo tanto las palabras no son suficientes. Lo mismo pasa con las fotografías, los objetos concretos, etc. Sólo quiere hacer presente la sensopercepción o lo que otros llaman la representación comprehensiva.

[25] Situación que no sólo sería cercana a la surrealidad, sino que se emparentaría con Swift, también. Base que creo superior a Caroll, ya que el compromiso del autor de Gulliver, además de estético es ético para reclamar y denunciar sobre su época y sociedad.

[26] En mi primera tesis, la de pre-grado. Lo que coincide con lo que manifiesta Juan Cameron, en conversación sostenida con él en el X CHILLÁN POESÍA, enero del 2013: "la creación de *La nueva novela* es un proceso que se inicia con el juego intelectual de las lecturas francesas y románticas realizadas por nosotros y que Juan Luis las planteó muy bien en la creación. Por lo tanto todo nace, más bien, de lo lúdico y de ridiculizar algunas manifestaciones de la época" (esto es más o menos lo conversado).

[27] Este título corresponde a un estudio de narrativa, nueva narrativa chilena y no a la obra poética de Martínez.

[28] Conferencia ofrecida en el Chillán Poesía el año 2004 y alojada en el blog de su autoría el año 2005 http://manueljofre.blogspot.com/2005/08/algunos-temas-y-problemas-de-la.html Ensayo redactado definitivamente el año 2009 para un congreso realizado en la Universidad Diego Portales-Chile. Y cuya publicación ampliada fue realizada el año 2010 en la revista MAPOCHO N°67. Pp.: 285-296.

[29] Estamos pensando en el formidable y lúcido estudio que realizó Iván Carrasco el año 1989, *titulado Poesía chilena de la última década (1977-1987)* en el cuál nos pone en alerta nuevamente, como los grandes teóricos antecesores de Américlatina, generando grupos más específicos que aquellos, pero que se condicen con los tramos históricos y discursivos de la época. A diferencia de Goic, los califica por su modo de ser escritural y por lo tanto la cuestión de las generaciones se daría, más bien, por la relación del modo escritural y de ser que del método generacional.

[30] La periodización extraliteraria e intraliteraria y la textualización, mas sólo como referencia, puesto que, por lo pronto, no es posible presentarla como terminada, pues acaso ni se inicie todavía, quizás no exista otro Goic aún.

[31] Ilusión referida desde el libro de mi autoría, en oposición a la supuesta realidad. Ver *La nueva novela: aproximaciones a una estética de los nuevos tiempos*. Editorial Académica Española. AV Akedemikerverlag GmhB & Co. KG. Saarbrücken, Deutshland. ISBN-13: 978-3-8473-5400-0 (s/r. ed).

IV.   Poliexpresión...
Una construcción estética.

1. Construcción estética poliexpresiva.

La construcción estética como producción polimorfa o poliexpresiva no es para nada nueva, deviene ya desde el *Ut pictura poesis* de Horacio, pasando por varias acepciones y complejidades productivas como por ejemplo, Salinas y la *union*; Lessing (1729-1781) y las diferencias entre las distintas artes; la teoría del *Gesamtkunstwerk* de Richard Wagner; Gottfried von Herder (1744-1803) y la *Sturm und Drang* y la renovación del arte dramático: poesía, escenografía y música en una sola obra; Skriabin (1872-1915), compositor y pianista ruso, quiso incluir en su obra una experiencia multisensorial, llamada *Mysterium*, que consistía en la posible unificación de la percepción musical con la naturaleza; por cierto, que ya está demás referirse a Wagner o a Mallarmé, que son los más conocidos, sin embargo hay que recordar que no son los únicos más cercanos, aquí debemos retomar la presencia futurista también, que buscaban la multiexpresión en el filme ya que allí se usarían: "como medios de expresión los elementos más variados: desde el fragmento de vida real hasta la mancha de color; desde la línea hasta las palabras en libertad: desde la música cromática y plástica hasta la música de objetos." (Marinetti 1978 180).

Hoy se allega uno, más bien, a una estética-semiótica multimodal o poliexpresiva ya que, según Kress y Van Leeuwen (2001), la cultura occidental ha mantenido una cierta preferencia por la monomodalidad. En muchas épocas, los géneros de escritura altamente valorados (como documentos oficiales, novelas, tratados académicos) no poseían ilustraciones y sólo revelaban el conocimiento a través de densas páginas, gráficamente uniformes. Aun más, en tales producciones las disciplinas especializadas (teóricas o críticas) se dedicaban a hablar de las obras de una manera tan monomodal como las generadas: un lenguaje para hablar del lenguaje (Lingüística), otra para hablar del arte (Historia del Arte), entre otras; cada uno con sus propios métodos, asunciones, vocabulario técnico; además de sus respectivas fortalezas y debilidades.

En estos términos, para los autores mencionados, esta dominación monomodal ha comenzado, en las últimas décadas, a revertirse en la producción de textos escritos; ya sea desde lo cotidiano a lo exaltado, sean obras del vulgo como trabajos de corte académico, universitarios, corporativos, etc. han adquirido el uso de ilustraciones de color, tipografías, despliegues sofisticados. También, las denominadas "Vanguardias Artísticas", comenzaron a usar diversos materiales y a cruzar los límites entres las distintas artes, tanto en diseño como en las disciplinas performáticas, lo que se denomina como el *Gesamtkunstwerke*, o sea, obra de arte total, o evento multimodal. Algo restrictivo, por cierto, pues el concepto wagneriano es más que esto, es decir, es un concepto romántico y por lo tanto lo que buscaría era la unidad de todas las artes en una sola obra de arte total en la cual cada una de ellas lograra la compleción, algo que ciertamente Schlegel (Cit.: Rosas 1996) habría teorizado ya como: "Poetizar el genio y llenar y alimentar las formas artísticas con sólida materia cultural de cualquier índole, animándolo con las vibraciones del humor. Ella encierra todo cuanto es poético desde el más elevado sistema del arte, el que contiene a su vez otros varios sistemas" (21)

Este último concepto está presente en la semiótica del siglo XX, y es visto para Kress y Van Leeuwen como "un intento de desarrollar un marco de trabajo teórico aplicable a todos los modos de la semiótica" (2011 1), sea desde las costumbres de los pueblos (entiéndase Folclore) a la poesía, desde las señales del tránsito a la música clásica, entre "el aquello" y "el esto", como una prueba de separarse del mundo de las disciplinas monomodales, pero a su vez, apuntar a una terminología común para todas las formas semióticas, dentro de un contexto particular o colectivo, en el que un mismo significado pueda enunciarse en distintas formas semióticas. De tal manera que aquí encontramos una plausible aproximación a la poliexpresividad, pero guardando las proporciones, claro está, pues no pensamos en un acercamiento massmediático, sino una herramienta más de los sistemas usados por Martínez, insistimos, como

POLIEXPRESION o ~~la des-integración de las formas~~

una más de las formas expresivas que le dan vida a su composición estética que va más allá del mero libro y del mero canon convencional.

2. Arrimo Polimodal:

Dentro de una concepción teórica, Pujolà y Montmany (2008) mencionan, de Kress y Van Leeuwen (2001) que la teoría multimodal postula que la comunicación acontece a través de diferentes modos de significación (textos, imágenes, gráficos, etc.) para comprender, "el significado de un acto comunicativo, hay que tener en cuenta todos los modos de significación que se emplean en él" (Pujolà y Mongomery 4) y que tales "modos" no deben ser estudiados de forma aislada, ya que intrínsecamente están ligados entre sí. En lo concreto, entonces, la semiótica social multimodal estudia el "uso que se hace de los recursos semióticos para crear actos comunicativos" (*Ibid*). En tanto enfoque multimodal, a la vez que texto en su sentido más amplio:

> En el enfoque multimodal se intenta comprender todos los modos de representación que entran en juego en el texto (Kress *et al* 2003 375) entendiendo texto en su sentido más amplio, no sólo el texto lingüístico. Por tanto el estudio multimodal debe abordar las características de cada modo, su interrelación y su valoración dependiendo de la cultura en donde se enmarca (5)

Palmucci (2011) comenta de la Multimodalidad como concepto clave de la Teoría Semiótica Social de Kress y Van Leeuwen (1996), en donde se amplía la práctica social contemporánea. Ésta, ya no concibe la tradicional idea de que diferentes códigos tienen funciones especializadas en la comunicación, sino que, por el contrario, sostiene la Semiótica Social que "los principios semióticos pueden operar a través de diferentes modos, dicho de otra manera, un mismo significado puede ser comunicado a través de distintos módulos de representación (sean verbales o icónicos)" (2011 1). De esta forma, Kress y Van Leeuwen

(2001) definen la Multimodalidad como "el uso de diversos modos semióticos en el diseño de un producto o evento semiótico, junto con la forma particular en que estos modos son combinados —ellos pueden, por ejemplo, reforzarse uno a otro [...] cumplir roles complementarios [...] o estar jerárquicamente ordenados"(20). Y esto es algo que nos lleva a recordar, por cierto a Shlegel, cuando remite que el poema puede ser realizado desde un sistema o subsistema que está al interior de otro sistema, lo que dio pábulo a los románticos para su gran desarrollo o al revés, lo que explica mejor su desarrollo.

Farías, Et Al (2010) comentan que Kress y Van Leuween generaron las bases para la creación de modelos semióticos y discursivos de los textos multimodales al poner en claro que la comunicación "es un proceso en el cual un producto o evento semiótico se articula o produce, y al mismo tiempo, se interpreta y usa"(2001 20). Como antecedente, dicen los académicos chilenos que Kress y Van Leuween exploraron la temática cuando clarificaron lo que ellos denominaron "la gramática (competencia) del diseño visual", la cual es necesaria para la comprensión de diversos significados transmitidos por esta batería de posibilidades (imágenes, textos, sonido, música, etc.). Desde ese posicionamiento, el lenguaje escrito u oral, en palabras de Pujolà y Montmany, no son ya los clásicos dominantes para expresar el significado, sino que se visualizan como uno más entre los modos que se interrelacionan en la enunciación, teniendo en cuenta, en palabras de Kress (2010) que la expresión multimodal en sí es un acto comunicativo social y cultural, en donde se gestan recursos semióticos para la construcción de significados, como medios de representación y comunicación (79).

Para Manghi (2009) la teoría de Kress y Van Leeuwen, es "inevitablemente multimodal" (1), ya que "se relaciona con diseñar de manera deliberada la creación de un significado (*meaning making*), es decir, dar forma a un significado mediante recursos disponibles para los usuarios, quienes son activos y no sólo reproducen significados, sino que los crean" (1). De modo tal, que nos es imprescindible acercarnos entonces a la Competencia Literaria, pero como competencia poliexpresiva, es decir, una competencia que tensiona la complejidad de la

POLIEXPRESION o ~~la des-integración de las formas~~

producción y de la recepción de la obra, pues aquí se provoca el gran encuentro entre autor y lector, pues como se adelantó son "usuarios, activos y creativos".

Para comprender el elemento o componente de composición ficcional en cuestión, desarrollo una aproximación al concepto poliexpresivo, y por cierto, a la polimodalidad; lo que en realidad es una poliexpresión de géneros o modos expresivos, ya que "el estudio de la clasificación de los géneros literarios y sus entornos históricos, la relación de las obras con su contexto de producción, estableciendo vínculos entre varias creaciones de un mismo autor, de una época o de un movimiento estético. También propone el rastreo de diferentes lecturas de una misma obra a lo largo de la historia y su relación con los diferentes contextos de recepción" (Sánchez 2004 Párr. 6) sin embargo, lo que propongo ha de superar la mera formalización del modo, ya que "la posibilidad de inventar mundos y circunstancias potenciales sin la obligación de obedecer a la estricta causalidad espacial y temporal permite alejarse de lo rígidamente individual y concreto para alcanzar grados más elevados de universalidad y representatividad" (Spang, *La literatura y el arte* 123) y por consiguiente la monomodalidad no es suficiente, puesto que existen otras monomodalidades que se pueden incorporar para expresar definitivamente el arte y esto es la diversificación conocida y aplicada en la vanguardia y lo que hoy llamamos poli, en términos clásicos, dado que lo multimodal deviene, más bien, en la massmediación como ya se conoce y aunque más cercana, tampoco, la polimodalidad por sí misma y es por ello que uso Poliexpresión, puesto que la expresión es la necesidad humana por excelencia y la modalidad una elección. Y por cierto, la recepción no es sólo leer la obra, sino que leer el mundo también y por ello entonces revisamos, someramente, otro componente sociocultural tan relevante: la Competencia Literaria

Pero para introducir el término "Competencia Literaria" en este apartado, es necesario revisar, sucintamente, algunas ideas relacionadas con esta capacidad y su uso, específicamente en la literatura. Pero 'la pregunta del millón' antes de iniciar es seguramente ¿para qué y por qué esta digresión? Es muy simple, pues esta realidad es una realidad que antes nunca se tomó en cuenta, en cambio ahora en la neovanguardia sí, pues es un elemento clave a la hora de acercarse a una obra u objeto estético, de modo tal que cuando se experiencia, este deja de serlo y se transforma en una obra de arte y esta es la trascendencia que se busca, especialmente Martínez, una obra de arte como producción y una obra de arte como recepción, ya que el hecho estético es, finalmente, un constructo compartido. Ahora este constructo compartido, algunos lo han asociado a la ficcionalidad pura y fantástica, como por ejemplo la de *Alicia*...que es donde se desarrollaría esta suerte de composición literaria que incorpora distintas formas de expresar a modo de ocultamiento o enmascaramiento, ya que ahí estaría la base de su creación y/o complicidad literaria, sin embargo creemos que es anterior, es decir, que es bajo el influjo de la parodia, la ironía, la denuncia y no sólo lo lúdico que se acerca más a *Gulliver*..., utilizando de la misma manera que Swift en 1726, la realidad, la información, la ciencia, la ironía, e incluso la estructura de la obra, etc. Aquí se observa una estructura sumaria, que es lo mismo que hace Martínez, e incluso, las solapas como si fuera un libro abierto en posición de 'casa' que alberga la oveja pequeña rescatada de aquella aventura. También se observa algo similar a lo que hizo Swift en *La batalla entre los libros antiguos y modernos* (1697), una parodia burlesca y sarcástica de las discusiones literarias del momento, que trataban de valorar si eran mejores las obras de la antigüedad o las modernas, algo que Martínez incorpora como architexto, por ejemplo con el modo del collage que figura el recurso de la surrealidad francesa y enmascara su galicismo mental con ello, además de la realidad chilena y artística; o en Historia de una bañera (1704), por cierto que guardando las proporciones, se ve también como Martínez visualiza la cuestión sociopolítica ironizando, denunciando de modo ingenioso e indirecto, como también una cierta heteronomía de Swift en *Cartas a Stella* (1710) para ocultar el verdadero nombre de Esther Johnson . Heteronomía supuesta por algunos en el propio Juan Luis, aunque si fuere así, sería más apreciable en Zurita y Maquieira como internalizada en el sujeto lírico (lo que en Martínez es refrendada por la tradición personal (con Jxwan de Dios su padre) y literaria (Swift) -en que ambos son de Dios- en los otros es con el yo femenino). Finalmente, hay que señalar que básicamente era una puya o sátira imaginaria que figuraba la presunción y la hipocresía de las cortes, los hombres de estado y los

POLIEXPRESION o ~~la des-integración de las formas~~

partidos políticos de su tiempo. Y esto es algo que el autor, durante seis años de creación, incorpora a modo de reflexiones acerca de la naturaleza humana, que por cierto, no están tan lejos de la realidad martiniana (insisto, guardando las proporciones). Recuérdese que estos *Viajes de Gulliver* fueron publicados primero como anónimos, tal vez he aquí la inquietud de Martínez de perder la autoría propia para otorgársela a los campos de composición de la obra y al lector. También piénsese en que *La nueva novela* se inicia el '65 y se termina el '77 con la publicación familiar, pero antes se pensó terminada el '71, lo que se emparenta con Swift, pues aquí también Martínez incorpora más elementos y corrige otros. De tal modo que, querámoslo o no, hay un parecido con ello y no con Carroll, es decir, en la construcción de *La nueva novela* está la base gulliveriana, pero tomando las distancias necesarias, ya que la época es otra, pero no tan diferente en su esencia, pues la humanidad sigue – *humana* como antes, sólo que ahora se verifica en los medios, lecturas, tecnologías, comportamientos, pensamientos y relaciones socioculturales y políticas de una supuesta nueva época. Entonces los elementos basales de Swift le servirían a Martínez para componer su obra, obviamente que las lecturas son suyas y no de Swift. La época es la suya, los trastornos e inequidades y las argucias de la ironía son suyas y estas son las que resaltan en la creación, más bien, en la composición de la obra. Sobre todo, tomando en cuenta que Swift significa rápido [y que se identificaría con la velocidad de la existencia en modernidad, es decir, casi la 'pos' o 'hiper'] y que Swan, Cisne [que induciría a reconocer la modernidad y la caída de ella: *El cisne troquelado*, por ejemplo]. Y por lo tanto todos los recursos modales son para llamar la atención de su historia más cercana y concreta, desde que los caballos eran +*humanos* que los propios humanos. De tal manera que aquí se asemeja a ello, pero mediante, no sólo de la creatividad, del ingenio, de la ficcionalización sino que a través de la confrontación decidida de la Competencia Literaria del propio autor y del lector de la época, ya que se saben conscientes del oficio, como hijos que son de la modernidad (Swan), incluso la neo, la pos o la hipermodernidad (Swift). De tal suerte que esta nueva especificidad, no es nueva en sí misma, sino que es nueva para sí misma, como una manifestación concreta de la Competencia Literaria y que permite poner en funcionamiento los elementos o factores anteriores, es decir, la expansión y reflexividad, la textualización metafórica y la ficcionalización y/o manipulación positiva, junto con la relación sociocultural del autor dado que la singularidad creativa y que es "reconocible por su estrategia de asociar, sincrónicamente, la presencia de elementos históricos, culturales y discursivos de temporalidades distintas, de modo que hay diversas instancias de realidad y formas textuales que convergen en [su] "poética de ficcionalización"" (Ferrada 83) . Como en la del lector, como señalando con ello la posible des-aparición del autor para dar paso a la libertad del lector, a la libertad en general, tal como lo sella el propio Swift en su epitafio: *Ve, viajero, e intenta imitar a un hombre que fue un irreductible defensor de la libertad.* Pero para ello obviamente que hay que ser libre y por lo tanto es el modo que Martínez habría encontrado y desarrollado, aparecer y desaparecer en su obra, pero no en su estética ni mucho menos en su plan de composición y por lo tanto aquí funciona sí o sí su ideologema o subjetivema, dado que, "por este camino los discursos literarios ya no pueden ser acogidos si no están dotados de la función-autor: a todo texto de poesía o de invención se le preguntará de dónde viene, quién lo ha escrito, en qué fecha, en qué circunstancia y a partir de qué objeto." (Sarlo y Altamirano 63).

De tal manera entonces que la obra *La nueva novela* de Juan Luis Martínez obedece a esta relación intencional, es decir, él conscientemente, no de la teoría polimodal, pero sí de la recursividad multimodal como una herramienta extraordinaria de articulación estética. No nos olvidemos que en aquella estación existía una evidente tensión entre lo estético, social y político; por cierto, uno mayor, cual es el cultural, dado que un cambio de época se hace más evidente al mismo tiempo.

La estética polimodal o poliexpresiva que utiliza Martínez entonces es un denunciar y al mismo tiempo anunciar el tiempo que se está viviendo, experienciando, por lo tanto que su obra es el resultado de una vivencia estética y que es capaz de transmitirla como si fuera una metáfora, símbolo de la tensión ontológica vivida como una respuesta sígnica de lo social y lo particular, de la oblicuidad a fin de cuentas, ya que "buena parte de la discusión sobre estética y teoría del arte entre los años 70 y 80 giró en torno al problema del carácter institucional del arte, el desarrollo de su estatus de autonomía y la forma en que estaba relacionado con los procesos sociales de diferenciación propios de la modernidad" (Molano, 2012).

En fin, Martínez genera su propia estética que tensiona la vanguardia, lo social, lo político; en suma, lo cultural desmontando la tradición, el canon para ejercer una nueva presión al lenguaje, no al código lingüístico solamente, sino al lenguaje como capacidad productiva y por lo tanto el código es varios códigos que se unen en una página, en una obra para fijar el sentido del sin sentido que el lenguaje tradicional (lingüístico) ya no es capaz de expresar, en consecuencia, la estética en su forma y fondo se adecua a este nuevo tiempo y con nuevos elementos que se aparecen simultáneamente, como expansión del significante, provocando el cambio hacia una nueva noción de estética, de texto incluso que, simultáneamente, multimodal o poliexpresivo, preexiste a la propia literatura, o sea, es poesía total como lo proclama Martínez con la voz de Novalis, vale decir, la poesía y la estética martiniana se corresponde, más bien, con la poesía romántica y por lo tanto es total, cultural. De modo tal que la percepción y aprehensión que hace del mundo es una comprensión holística y por lo tanto lleva consigo toda su constelación y por lo mismo se vale de distintos y variados métodos y elementos para estetizar el mundo.

V. Mudanza martiniana...
[y/o des-integración de las formas]

En tales circunstancias podríamos pensar en Martínez, o más bien, en su medio, es decir, en su entorno cultural, con el cual decididamente realiza una metamorfosis en la forma de utilizar el arte como vehículo de la manifestación cultural que le es tan necesaria, o más bien, de una contracultura que le permite incursionar en este mundo y transformarlo para el otro, para que podamos darnos cuenta de cómo está realmente y no como nos lo presentan a menudo, es decir, una como des-integración de las formas. Esto implica, usar los mismos medios, pero ahora como un simple recurso de retoricidad, de arte como se decía en la época. En consecuencia, si el mundo real experimentaba cambios culturales, políticos, religiosos, etc., las obras siempre estaban supeditadas a ellos como en cualquier hombre o mujer de la sociedad, dado que el autor no puede sustraerse a ella, al mundo. A menos claro, que sea un autor que decide establecer una nueva forma de instalarse en medio de la sociedad y del arte para realizar un cambio consciente, una ruptura consciente que sólo quiere agregar una dinámica al tiempo real vivido, pero que también quiere denunciar y anunciar, como los cristianos, en un tiempo de convulsión, casi profetizando que se vendría la posmodernidad como única moneda de cambio en toda la extensión humana. Esto sería una aproximación cultural al arte. O sea, adelantar la fragmentariedad y recomposición de un sistema con otros varios subsistemas, como ya lo hicieron los románticos alemanes[32]. De tal suerte que Martínez no está haciendo nada del otro mundo, sino adaptarse a uno en mudanza, tal como las personas, pero un tiempo antes y por ello la figura del vate se adelanta, se adivina en el tiempo y en el espacio, espacio que se va reduciendo y por ello el autor lo va recreando. Esto, por cierto, desde nuestra perspectiva acostumbrada, occidentalizada ya que, en términos concretos, la década del 60 es una década de grandes cambios, que se suscitan uno tras otro, tanto en el mundo entero como en Chile. Por ejemplo, en los 50s: Planes de desarrollo económico: en vivienda y urbanismo; la creación de la CORVI; la producción de bienes y servicios; formación de la Cámara chilena de la construcción; *Corporación Nacional de Inversiones de Previsión* y el *Banco del Estado* para administrar y facilitar un propicio flujo de capitales; en lo político, el partido Socialista se une con el comunista para crear la primera gran conglomeración: llamada Socialista Popular y que después se transforma en la alianza del Frente de Acción Popular; también otro nuevo frente: El Frente de Trabajadores, pero también el Frente de Liberación Nacional; posteriormente se forma la CUT; chile es parte fundadora de la ONU y de la OEA, etc. Así también en los 60s: esta se traduce como un eco universal de Liberación; Juan XXIII, renueva el "aire" de la Iglesia; Kennedy evita un descalabro nuclear en la "crisis de los 60s", aunque por otra parte están en Vietnam o el Congo; alianza para el Progreso entre EEUU y *Américalatina*; en Chile, la Revolución en Libertad de Frei Montalva; el hipismo y la beatlelmenía, también se instalan; se adopta en chile el modelo de la juventud norteamericana y europea del medio siglo: El rock-and-roll y la moda y frente a esto la contracultura del folclor o neofolclor, la caída del tabú del sexo, junto con la mezclilla, la pastilla anticonceptiva, se pierden los patrones franceses e ingleses y se abren otros: estadounidenses e italianos, por ejemplo; finalmente podremos acercarnos a las artes: estas en los años 50 y 60 tienen una nueva visión, desde las revoluciones de Cuba el 59 y antes por la revolución mexicana y de la de los estudiantes franceses el 68, pasando por la de las flores de los hippies en EEUU generando una nueva mirada del mundo a través de las artes, la filosofía, la comunicación y las religiones, entre muchas otras situaciones humanas que quieren enmendar el mundo tal cual está, pues ya no les gusta, produce mucha muerte y por lo tanto hay que denunciarla, hay que hacerla notar con una producción que parece muerta, fragmentada, pero que en realidad está buscando los distintos caminos por los cuales escapar al aire y renovarse, tal como lo hizo Juan XXIII, renovarse en todo. Aquí las artes revelan entonces no sólo la renovación de los materiales sino de las formas y los contenidos con que dan cuenta de este nuevo zaherido mundo. Es así como por ejemplo, Hahn en 1961 publica *Esta rosa negra* y con ella subvierte el lenguaje, dándole más cuerpo y fractura a la vez. Pero antes ya existía una trayectoria, que vuelve a subvertir Martínez el 77. Y me refiero a los poetas mayores, inmediatamente mayores, como la generación del 50: Lihn, Teillier, Arteche, Barquero, Uribe, Rubio, Rosenmann-Taub y Sergio Hernández. Ellos también subvierten la forma, cada uno con su propia particularidad: Lihn con su recorrido parriano de la "lihnealidad",

POLIEXPRESION o ~~la des-integración de las formas~~

por ejemplo; Teillier con su "fronteridad" (modernidad y posmodernidad en la frontera); Arteche con su religiosidad actualizada, a veces en voces patéticas que no disimulan el dolor del nuevo tiempo que se vive (vino nuevo en fudres nuevos); Barquero con tipo de mitología cotidiana campesina, que fortalece la identidad de su poema popular, a veces, pero que trasunta el universal (ritualización del recuerdo de infancia -dicen-); Uribe con su "darnanismo" sobre lo injusto y lo hipócrita, casi como un profeta antiguo en que farisea a medio mundo (en el buen sentido –vale decir, denuncia con fuerza profética-) por eso su poesía es tan vigorosa, airosa y esto es como un motor de desgarramiento que nos pone sobre los ojos y oídos para construir una nueva sociedad; Rubio con su ruptura epocal (deviene del excentrismo lingüístico, es decir, confiere al lenguaje español la fuerza de lo antiguo con el significado de lo nuevo) una equilibrada mezcla lúdica de tradición y modernidad; Rosenmann-Taub con su musicalidad concretizada en la forma y en la fonologización (expansión del significante, incluso con pentagramas y CDs), incluso con cercanía con los rituales místicos de la oralidad hebrea (expansión del significado); y Hernández con su romanticismo decadentista, es decir, de los románticos alemanes y españoles que dan origen a una poesía entre parriana(de lo cotidiano y lo popular) con lo romántico propiamente tal (como la expansión del significado al sujeto lector); por cierto entre muchos otros, incluyendo a críticos como a Calderón y ensayistas como Martínez Bonati. Todos ellos dan cuenta de una nueva forma de escribir y de apropiarse del mundo, dado que el lenguaje, los temas y los campos de composición son afectados por estas nuevas realidades que ya a esa altura eran fragmentos de la historia de los hombres y, por cierto, de los escritores y poetas[33]. Pero antes, ciertamente que son Huidobro y Parra; por ejemplo y cuya realidad es reconstruida, pues obedece a la tradición literaria que se sintetiza en una mixtura genial del gusto exquisito de Martínez, que va desde la vanguardia plástica hasta la literaria y luego desde la literaria hacia la plástica, constituyéndose casi en una estética o poesía visual.

Evidentemente el primero que desarrolla esta actividad de compilar formas de decir, concretas y con la palabras, el espacio en blanco o vacío en la hoja, los collage es Huidobro: *El Molino*; caligramas:

Japonerías, publicada en la revista *Musa Joven* en 1912, etc, y más tarde lo vuelve hacer Parra, a su modo, indiscutiblemente, en *Quebrantahuesos* (1952) y, por cierto, *Artefactos* (1972 –tarjetas postales-) y más tarde, otra vez "El Quebrantahuesos" y "News from nowhere" donde se destaca, además, el *Reloj de Venancio* (1975)[34]; ya más visual y público en *Chistes para desorientar a la policía/poesía*, Santiago, Galería Época, 1983 (tarjetas postales) y otra vez *Los artefactos* (2001).

Por una parte, Juan Luis Martínez, plantea una nueva forma de leer la literatura chilena y junto con ella una inquietud respecto del significado y por lo tanto del canon literario de la época y del actual. Y por otra, a ello se agrega que la tradicional forma estética de la escritura es subvertida con otros recursos que tienen la intención de manipular la semiósis y por lo tanto obedece, más bien, a la aplicación de recursos como significantes primero, y luego, haciendo uso de aquella manipulación, el autor recrea el significado poético de manera indefinida en nosotros, como libro infinito. Así los significantes: palabras, imágenes, elementos concretos utilizados como recurso visual no son otra cosa que la re-presentación del lenguaje, del conjunto de signos específicamente, que está en lugar de otra cosa, expandiendo de esta manera, no sólo el significante sino también el significado, por lo tanto lo que se realiza por parte del autor y del lector es una re-presentación comprensiva de la realidad, manipulando los significantes en el más antiguo oficio de la palabra o la retórica: convencer, conmover, persuadir o disuadir al otro, pero desde la retórica estética. En tal caso Martínez abre la discusión y el levantamiento de una nueva estética literaria, artístico literaria, como un producto de una manifestación cultural como todas las artes, pero sin grandes separaciones ni de géneros, sino más bien, inclusiones que funcionan como lenguaje y como signo: significante y significado; modificando, definitivamente, el canon literario chileno a diferencia de Parra que los usa como significante en expansión a través de la ironía y el humor como contracultura. O sea que si en Parra, al decir de Elvira Hernández (1977), se había desarmado [la forma], hecho explotar el libro con sus *Artefactos (1972)*, Juan Luis Martínez buscó rearmarlo con otro modelo, en las cercanías de Mallarmé -señala-. Y agrega que éste proseguía también con la idea de los surrealistas que procuraron romper los límites

POLIEXPRESION o ~~la des-integración de las formas~~

que separaban la expresión plástica de la expresión escrita. Esto fue tocado en su tiempo por Huidobro y "La Mandrágora". Y con posterioridad, y en distintas direcciones, por Cecilia Vicuña, Guillermo Deisler, Thito Valenzuela- escribió Hernández-. De tal suerte que ya ubicamos el modo de abrirse paso de Martínez, es decir, a través de la desintegración de la forma, como un continuum de la tradición, tal como escribiera Iván Carrasco el '88: "el proyecto global de Juan Luis Martínez es análogo al de Parra: escribir de nuevo la literatura", pero de un modo distinto lo vuelve a hacer, usando ahora el síntoma como manifestación, es decir, el síntoma de la era industrial: instrumentalización, operacionalización y tecnología, más la lógica cultural del capitalismo, que se traduce en la imposibilidad de las personas en dominar su realidad *más humanos* a través de una conciencia individual, traduciéndose en una vida, más bien, funcional y mecánica. Según Donald Shaw (1999) el realismo estaba basado en la idea de una realidad objetiva y comprensible, pero formaba parte de eso que él llamaba *antiguo hogar* y con él queda destruido, es decir con la antigua forma; lo que por cierto, sería atribuible a la creación parriana, destruir la realidad y abofetear al lector. Pero fronterizo con ello es menester señalar que la simultaneidad también se hace cuerpo en estas nuevas manifestaciones, en esta nueva forma, cuya primera desintegración es que ya "no remiten como signo a la realidad, sino que son realidad" (Bürger, 1987: 142). Dado que "la obra de arte se transforma esencialmente al admitir en su seno fragmentos de realidad" (142). En consecuencia la simultaneidad ayuda a introducir este cambio, esta mutación de la realidad en las formas desde la ubicación en el mismo espacio-texto de fragmentos reales de la existencia con otros irreales, ficticios e ilógicos y al mismo tiempo de modos o géneros literarios o manifestaciones culturales. Este recurso de la simultaneidad es el recurso más evidente, consciente e inconsciente desde la vanguardia hasta ahora. Y que se ha hecho más evidente aún a través de la intertextualidad como forma macro, es decir, como recurso general de composición de una obra de arte, especialmente literaria. Recordamos aquí a Marchese (1989) citando a Barthes: "todo texto es un intertexto; otros textos están presentes en él, en estratos variables, bajo formas más o menos reconocibles; los textos de la cultura anterior y los de la cultura que lo rodean; todo texto es un tejido nuevo de citas anteriores." (217), pero también es necesario consignar que ya Bajtín se refería a ello y antes Schlovsky, por lo tanto no es tan nuevo el recurso, sin embargo es más notorio, pues la simultaneidad le hace ver casi como parasitario, o sea, una obra se nutre de otra sin ni siquiera provocar una mudanza de la forma, sino que sólo provoca al significado desde la nueva posición del significante en el nuevo espacio-texto, vale decir, la desintegración de la forma es sobre la base de la nueva composición del espacio-texto y en forma simultánea de los fragmentos usados en él. De tal suerte que podemos hacer más entendible esta abstracción desde el simultaneismo cubista por una parte y por la otra, la simultaneidad temporal de los elementos de composición. Por ejemplo: *Los Quebrantahuesos* de Parra se parecen con los collage, los elementos concretos y los catálogos usados por Martínez y *Los artefactos* con *La poesía chilena*; *El reloj de Venancio* con *Aproximación del Principio de Incertidumbre a un Proyecto Poético*, etc.

Por último, Martínez no opone la tradición de Huidobro, Parra y otros, sino que subvierte el modo de manipular el significante provocando un significado mayor, o sea, una forma aparentemente fragmentaria, pero que unida genera sólo sensopercepción desde el presente de la obra hasta el pasado y el futuro de la misma como una realidad más, sin abofetear al lector como Parra, esgrimiendo la realidad como contracultura ni sorprender a través del delirio poético huidobriano, sino involucrarlo en esta creación de mundos posibles que es el presente de la obra con realidades fragmentarias y simultáneas que le son propias.

Pero ojo, el espacio-tiempo que propondría Martínez sería el original, aquel que heredamos de los pueblos más antiguos y por lo tanto la temporalidad y la espacialidad sólo son un presente cultural y este ha de ser el mejor tiempo y espacio, en constante desaparecimiento de un sujeto meramente "moderno", "civilizado", ya que éste se ha desnaturalizado de su propio ser y por lo tanto hay que buscar nuevas formas para reencontrarse y esto sería la tachadura, por ejemplo, desaparecer el sujeto individual y reconocer al sujeto heredero culturalmente, en este caso de su padre y sus padres literarios y su entorno, tal como una tribu reconoce sus ancestros para seguir adelante. Esto sería también la nomismidad y la caosmosis explicitada y sugerida en él. Por lo tanto la concepción de la

POLIEXPRESION o la des-integración de las formas

literatura como la conocemos, como la definimos los profesores ya no sirve, sino que hay que recurrir a intentar diferenciar simplemente lo 'canónico' como lo literario, como lo poliexpresivo en el arte de representar la comprehensión de la realidad.

Martínez ((1977) 1985) es pues, el que inaugura, según nuestra posición, esta nueva verdad-estética de la poesía chilena, es decir, aquello que el canon establecía ha sido desmantelado y vuelto a reificar, confrontándolo con una nueva visión de mundo, ya que "los pilares que sostienen ese mundo en el que somos son el espacio y el tiempo. Por ello, *topos* y *cronos* constituyen las coordenadas antropológicas esenciales del ser, así como de la universalidad poética" (García Berrio 1994 621),vale decir, desde una observación veraz de la composición de la obra para verificar el canon, pues, tal como señala De Aguiar e Silva(2005) "creemos que es posible fundamentar una teoría de la literatura, una poética o ciencia general de la literatura, que estudie las estructuras genéricas de la obra literaria, las categorías estético-literarias que condicionan la obra y permiten su comprensión" (40). De tal suerte que se pueda declarar la especificidad del texto o discurso literario apoyados por estas estructuras, pero que en mi opinión son movibles y dinámicas, obedientes a su propio tiempo y espacio. En consecuencia romper a la vez con lo establecido, pues este autor, no sólo es un poeta consciente, moderno y vanguardista, sino que es un sujeto que no está contento con la época; y para ello recurre, en primer lugar, a la subversión, tal como lo confesara él mismo:"Mire, hay que entender bien lo que es la subversión. Es un intento por cambiar un orden que nos parece mal". (Martínez 1993 5) Y luego declara: "soy un poeta manipulador de significantes. Aunque no sé sí es peor manipular significados poniéndose al servicio de ideologías" (Martínez 1993 5). De tal modo que para él, la subversión tiene sentido en desmontar el canon, entendido éste como "un espejo cultural e ideológico de la identidad nacional" (Sanzana 2008 02), pero desde la poesía, ya que el mismo Juan Luis sostiene que: "la poesía me mostró otra vida que me permite la aventura en el plano verbal, y la trasgresión de los códigos en ese plano" (Martínez 1993 4) Por lo tanto podemos deducir que: "Lo que parece ser el proyecto global de Juan Luis Martínez es análogo al de Parra: "escribir de nuevo la literatura, el discurso y el texto, para renovarlos junto con la comprensión del mundo que implica; para ello es necesario generar un nuevo tipo de texto, que destruya las normas y supuestos textuales y extratextuales y se destruya así mismo. Parra lo hizo con los *Antipoemas*, Martínez con *La nueva novela y La poesía chilena*" (Carrasco 1988 42). A lo que agregaríamos, además, que así mismo lo habría hecho Huidobro, aunque éste habría cuidado su producción desde el Creacionismo y por lo tanto desde la creación de un simulacro, casi al estilo de la actividad estructuralista, pero con una mayor fuerza en la limitación del delirio poético como ejercicio artístico, descuidando de esta manera lo antropológico y lo social, no obstante de haber realizado acciones personales en lo social, es decir, de algún modo separa la poesía de la vida como tal, y la pone en una especie de mónada que sí podría contenerla, sin embargo su contacto con el tiempo y el espacio es poco observable en la estética.

En suma, la poesía se subvierte en la búsqueda y en el oficio (por lo menos): refrescar y reforzar los códigos, intentar nuevas formas y aprehender los espacios y los tiempos. En general, estimular al sujeto frente al objeto estético —esto último en particular- y cuando digo estimular, digo motivar significativamente para alcanzar así el verdadero y auténtico temple, pero no como una manera de no repetir y de arrancar de los cánones, ya que no se sabe, a ciencia cierta, si se es vanguardista o rupturista; lo que puede derivar entre una mutación de discursos a saber (Carrasco 1989), puntos de vista diversos (así como religiosos, políticos, económicos, psicológicos, filosóficos, etc.), pero no como algo establecido, obligatorio, específico ni privativo, o mero montaje vanguardista (Schopf 2000), sino sólo como posibilidades de elección o estrategias para construir culturalmente el texto y proponer una lectura determinada de éste, ya que para la época, la contracultura, o sea, tal como lo ha escrito Montealegre, respecto de un período concreto de la historia de la literatura chilena, señalando que la poesía de los jóvenes autores chilenos de la década del '60 no era funcional al proyecto histórico de construcción del socialismo emprendido por el gobierno de Salvador Allende, aunque aquí no deberíamos quedarnos sólo en este aspecto, ya que los jóvenes de la época estaban buscando trascender más allá de lo mero momento histórico, dado que la vanguardia caía también y por lo

POLIEXPRESION o la des-integración de las formas

tanto era menester buscar otras formas de manifestación. Y, además, debemos señalar que la escritura se transcodificó[35], puesto que "la obra de arte se constituye necesariamente en su diferencia de la existencia" (Adorno 1983 18) y de este modo "la poética se vincula estrechamente a la ontología y a la antropología, y el análisis de los géneros literarios se torna, en una última instancia, estudio de la problemática existencial del hombre" (Aguiar e Silva 2005 177); como lo evidencia, también, Jorge Montealegre:

> Muchos empezamos a escribir en Chile cargados de eufemismos, manejando un código que se refundaba diariamente [...] Cambió el valor de la palabra, en la medida en que cambió el valor de la persona humana y de sus culturas. Heredamos palabras que nos quemaban las manos, que había que enterrar o quemar o comérselas. Heredamos también barbarismos. Había que convertir cada barbarismo en una expresión en desuso. Y quisimos ser escritores. (1991 123)

Y por otra parte, "se comprenderá, entonces, por qué su praxis literaria estuvo más orientada a construirse un lugar en el escenario de la poesía chilena que de potenciar conflictos con la política o con la institucionalidad literaria: calculaban "algo así como el hueco que podrían ocupar en el desarrollo futuro de la praxis poética chilena, pero habiéndose hecho cargo previamente de las extensiones ya cubiertas [por poetas un poco mayores que ellos] (Rojo 60)" (Montealegre 125) De tal suerte que es menester y, muy posible, situarnos en el canon literario y para ello direccionaremos la lectura de Grínor Rojo (2001) hacia una de sus *Diez tesis...*, especialmente la primera, ya que allí encontramos una orientación no despreciable para resolver el problema de esta revisión. Recuérdese aquí que "la naturaleza de la teoría consiste en deshacer lo que uno creía saber, mediante un combate de premisas y postulados" (Culler. 2004 28). Por una parte debemos remitirnos entonces a la especificidad de los textos literarios con respecto a otros textos, puesto que lo que era llamado "literariedad" o la "literaturidad" de la escritura, hoy está bajo sospecha, cuestión que Culler (2004) ya adelantaba o dejaba entrever: "la literatura es una institución paradójica, porque crear literatura es escribir según fórmulas existentes [...], pero es también contravenir esas convenciones, ir más allá de ellas" (54). Rojo, en la primera tesis, rescata a Paul de Man y con él pone en duda la literaturidad, que en palabras del mismo dice: "llamamos 'literario' [...] a cualesquier texto que implícita o explícitamente significa su propio modo retórico y prefigura su propio malentendimiento como un correlato de su naturaleza retórica, esto es, 'retoricidad'." (13) Para ello, observamos que, De Man, identifica tres etapas: la potencialidad metalingüística, el conocimiento de las limitaciones del lenguaje que tenemos: ('ubicación o manejo', funcionamiento) y "lo retórico": como "ganancia" en la literaturidad, cuestión que no es nada fácil ya que "se suele concebir como un fenómeno complejísimo, cuyas mayores dificultades de análisis y descripción radican en servirse de un medio articulado y de uso universal -el lenguaje-" (Álvarez Amorós 2004 19). Desde aquí, al parecer coincidiría Rojo, puesto que propone una "textura o tesitura" (13) que obedece al "diseño retórico" (13). De esta forma se puede acecar al *'dictum'* jakobsoniano, es decir: "el principal objeto de la poética es la *differentia specifica* del arte verbal en relación con las demás artes y con las otras clases de la conducta verbal". (13) "Puesto que la lingüística es la ciencia global de la estructura verbal, la poética puede ser considerada como una parte integral de la lingüística" (13)

Jakobson definió la diferencia específica de la literatura –continúa Rojo (13)- por medio de la expresión *arte verbal*. En cuya expresión se diferencia también lo de *arte* con lo de *verbal* y por lo tanto *arte* nombraba al género y *verbal* a la diferencia. No obstante, Rojo, en esta primera tesis no encuentra la fortaleza de los criterios lingüísticos para aceptar *la poética*, ya que la lingüística se encuentra apta sólo para el arte verbal y no para la estética. Por lo tanto "el nivel cualitativo de esta realidad sería lo que hay de metáfora como mecanismo que caracteriza una secuencia poética y esto sería el predominio de la autorreflexividad del lenguaje". (14) No obstante ello, hay que agregar que la competencia sígnica es superior a la lingüística, ya que "el signo posee un carácter doble, es opaco y transparente, descubre y oculta a la vez la cosa significada" (Recanati 1979

POLIEXPRESION o la des-integración de las formas

159), además, no debemos olvidar que esta transparencia se realiza cuando se expresa.

Por ejemplo, en

PORTRAIT OF LADY

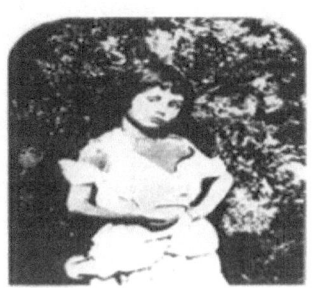

El fotógrafo, lejos de registrar la realidad, suministró una imagen que sólo expresa su visión personal: el mundo como pequeño escenario para la fotografía de una niñita: y allí, detrás de ella: una enredadera cuyas hojas cubren en algún lugar de Inglaterra el revoque de un muro que ya no existe y que sin embargo todavía contemplamos como frágil telón de fondo. Respecto a la niñita nos queda la incertidumbre si la realidad fue o no modificada por el fotógrafo, ya sea porque él mismo al hacerla posar, la ubicó de cierta manera en un lugar determinado o porque con su presencia turbadora modificó también conducta y mirada en su pequeña modelo. (Juan Luis Martínez 1985 105)

La fotografía, como dice el poeta, 'lejos de registrar una realidad, suministró una imagen que sólo expresa su visión personal", por lo tanto aquí radica el núcleo de lo que señalamos anteriormente: la transparencia o significante conocido y re-conocido (por ello es transparente —de tanto verle es común y transparente-) no da más luces que las que se le puede dar en un contexto iconográfico de registro en la diacronía social y personal, algo así como la cantidad y/o el *arte*; no obstante ello, lo que descubrimos es que la expresión o detalle punzante de la cualidad, algo así como *lo verbal* de esta imagen junto con la sintaxis lingüística intencionada, constituyen la manifestación y, por lo tanto, se inicia la opacidad: la 'competencia sígnica'. Pero esto no puede suceder sino es a través de la (re)(de)construcción de un significante desde la mimesis y la verisimilitud hasta llegar a la (re)(de)construcción del significado, pensando, por cierto, en su posibilidad estética, ya que 'refleja al mismo tiempo que representa algo distinto', o sea, aristotélicamente: de forma diferente y no de la misma forma.

Otro ejemplo: **3 MEDITACIONES SOBRE RENE MAGRITTE.**

a M. Foucault

(Mis propiedades)

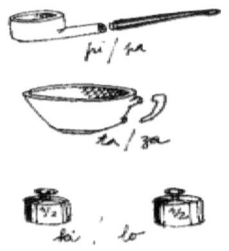

Aquí la fragmentación, no sólo muestra la realidad del signo: significante/significado, sino que desarrolla con creces la significación necesaria para poder construir una apropiación estética y no sólo teórica o práctica. En primera instancia hace referencia a René Magritte, proponiendo tres reflexiones: a) la pipa (remite a "Esto no es una pipa"), dibujando un perfecto significante, casi una fotografía, pero b) oponiendo el significado "esto no es una pipa", por lo tanto la imagen o significante, manipulado hasta la vaciedad ha de producir una apropiación sígnica, una estética de la ilusión, pues 'existe una pipa que no es'. Y luego es c) dedicada a Foucault, quien en alguna medida es aludido por el uso del análisis sistemático de aprehensión de las cosas o bien por el intuitivo, de evocación de la cosa a través del pensamiento, es decir, lo visible no es lo visible, sino lo invisible ("esto no es una pipa" -visible-); por tanto lo invisible, puede ser fragmentario, ya que sólo una fracción de esto es lo visible, lo presentable (ilusión), y la significación es lo invisible, lo no dicho (la nueva estética). De tal suerte, que el misterio oriental se hace carne aquí, pues el mundo visible no tiene ninguna existencia absoluta, esto es algo así como la tachadura o el ocultamiento del nombre, que es lo visible, pero su elipsis y/o elidisión, lo invisible: la significación finalmente,

V.gr.:

LA GRAFOLOGÍA

a R. Barthes
a F. Le Lionnais

"El nombre que puede nombrarse no es el verdadero nombre"
Tao Teh King

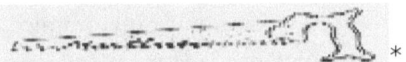 *

A sílabas entrecortadas quiso repetir un nombre: (Jxuan de Dios), ¡Ah, ese sí que hubiera sido un verdadero nombre!, mas como un serrucho trabado en el clavo oculto (que maldice el carpintero),sólo pudo pronunciar, a duras penas, tartamudeando -atragantado por el aserrín de sus palabras- las chirriantes sílabas de su apellido: (Mar - mar -ttí -nnez).

* (En numerosos poemas modernos y en varios cuadros de Picasso aparece también, sin que exista ninguna necesidad objetiva de ello, una sierra o por lo menos los dientes de un serrucho ,colocados oblicuamente sobre superficies geométricas. No es necesario pensar en ninguna posible

influencia: la aparición de ese símbolo de la sierra o del serrucho es de categoría negativa y sólo puede explicarse como uno de los signos que mejor traduce la coacción ejercida por la estructura sobre la poesía y el arte modernos a partir de la segunda mitad del siglo pasado).

En consecuencia, debemos asumir, a luz de estos antecedentes, que no sería posible si esta realidad no fuera un puente entre "el aspecto cuantitativo y el cualitativo de las unidades que integran el espectro de las emisiones lingüísticas" (Grínor Rojo 2001 12). Por lo tanto para que se produzca es necesario "otorgarle prioridad, no tanto a la "discreción (números) como a la "continuidad" (magnitud) de la relación que se advierte entre ellas"(*Ibid*), vale decir, no quedarse en la metáfora del canon, sino más bien en la metonimia y su relación sintagmática y paradigmática o elíptica si se quiere de una obra. Por lo tanto, las emisiones lingüísticas se corresponden no sólo con la sincronía sino también con la diacronía, individual y colectivamente: léase 'periodización' o 'generacionización'. De tal forma que, querámoslo o no, debemos reconocer, 'un consecuente debilitamiento de la historicidad' para poder alcanzar una mejor comprensión en las artes más temporales, vale decir, indagar no sólo en la individualidad de la obra de arte literaria sino también en la tradición como un continuum metonímico, ya que no sólo ha de ser una declaración canónica desde la mera sintagmática sino que ha de ser desde la paradigmática para poder establecer verdaderamente esta relación obra-emisión lingüística como un todo cuantitativo y cualitativo. Y para ello, la historicidad (Jameson 1991 22) por historicidad no tendrá valor alguno, puesto que estas artes obedecen, ciertamente, a sus propios tiempos, tal y como queda demostrado y 'confesado' por Juan Luis Martínez: "Soy un poeta apocalíptico. Creo en el fin de una época. Se perdió la imagen sólida del mundo. Los conocimientos acumulados sólo han servido para la confusión. Nuestra confianza en el lenguaje también se ha perdido. ¡Cosa terrible! Ahora tenemos que informarnos para poder hablar. (Martínez 1993 2). Sin embargo, no basta con re-presentar la realidad, sino más bien, deberemos ampliar nuestro espectro hacia 'la re-, la re- la realidad' martineana en pos de descubrir, develar o desmontar un canon cuantitativo que pierde de vista las 'intensidades', que finalmente son las que cualifican a la obra literaria. Tal es así que no se puede tener por historización al canon sino que ha de ser una integración entre el producto: obra artística literaria, y entre la fenomenología social: recepción. Dado que la obra constituye una verdad estética como manifestación social en medio de una cultura determinada, algo así como un modelo transicional (Álvarez Amorós. 2004 48-60). Podemos leer entonces una suerte de condición posmoderna de la literatura chilena actual, *sine qua non* de que se ejerza una movilidad histórica y una individual como dominante cultural o como dominante artística literaria que incorpora rápidamente la dinámica de la incertidumbre, como en este caso, ya que, como escribe Andrés Morales (2000): "desde un principio es necesario entender que no se trata de un grupo que posea un itinerario estético o unos postulados programáticos que condicionen su desarrollo. Si hoy es posible descubrir en Chile una gran diversidad temática y estilística, esto es, en parte, por el influjo de esta promoción" (1). Pero al mismo tiempo debemos pensar que "no le basta solamente a la literatura con hacer gala de su ser material, como lo supuso Jakobson, su significación va más allá, mucho más allá, de las palabras." (Miranda, 2007:188) Por lo tanto, el poeta es libre de crear tomando en cuenta un sistema que contenga a otros subsistemas, además de incorporar consciente o no las marcas cualitativas de su tiempo y de su historia previa.

---

[33] Léase y véase a Schlegel, por ejemplo, en los *Fragmentos*...

[34] Para revisar estos datos Ver link: http://www.memoriachilena.cl/archivos2/pdfs/MC0054807.pdf 1975. También está el compendio de ensayos teóricos de Ricardo Yamal (1988)

[35] Usamos este término tomado de Jameson (1989: 33); pues es el que mejor le queda a lo que queremos indicar, ya que para nosotros la codificación hoy, no es una simple mediación, sino un proceso de invención, de creación.

POLIEXPRESION o ~~la des-integración de las formas~~

VI. Una mirada desde *La nueva novela* de J.L. Martínez Vicuña, Bertoni, Zurita y Maquieira

Mucho se ha escrito independientemente de cada uno de estos autores, sin embargo con esta indagación intentaremos acercarnos a ellos desde una mirada global, la que aún siendo un posible abordaje hipotético podríamos postular una generalización de algunos aspectos que se observan en los sistemas poéticos particulares.

En primer lugar diremos que este sistema ha sido modificado por factores externos en su gran mayoría, pero que al mismo tiempo obedecen a miradas internas de cada escritor.

Los rasgos generales siempre se han asignado a) a la expansión del significante y la reflexividad, por otra parte se ha estudiado b) la textualización metafórica, como así también c) la ficcionalización de las nuevas realidades que enfrenta y vive el autor de la época. Estos tres rasgos son transversales, son los que cruzan toda la producción poética desde el '60 en adelante y se agudizan después con la poesía de posgolpe. Y desde aquí se pone en juego otra herramienta, d) Competencia Literaria, pero no sólo como una herramienta sino como una capacidad que se pone a prueba con las capacidades del autor y del receptor, a la vez para poder salvar la primera realidad o acción comunicativa lo que otros llamaron censura y/o autocensura, pero también hermetismo o apocaliptización o posmodernización, entre otras, del arte literario.

1. Expansión y reflexividad del significante.

Esta característica en el sistema poético se ha transformado en una propiedad del lenguaje. Recuérdese que Saussure al significante como la imagen acústica o representación y por lo tanto aquí funciona como tal, salvo que los autores lo han llevado hasta el extremo, dotándolo más bien de una propiedad que se trasunta en la manifestación de la cosmovisión del poeta. En consecuencia, la aplicabilidad de un significante como una simple dicotomía del signo supera la realidad de la lengua llegando a configurar un leguaje propio y particular, es decir, un lenguaje porque asume los rasgos completos de la primera dicotomía: lengua/ habla; asumiendo que el español, que es la lengua, no es suficiente y se vuelca a la polisemia, que también supera, los rasgos de la gramática clásica convirtiéndose en un habla particular, o sea, el estilo escritural del autor es una manifestación particular de la lengua, por lo tanto, habla. Sin embargo, el habla es también superada, pues no es una particularidad social sino restringida en demasía para los artistas y los gestores de aquella historia. Aquí entonces se pone en actuación la reflexividad descrita por Carmen Foxley al analizar el lenguaje zuritiano como un aporte en la construcción de este mundo posible que también se teje en el texto poético, pero no sólo como una capacidad de reflexionar el lenguaje, como metalenguaje, sino también como una re-flexión, es decir, reflejar, especular la realidad como un modo o un mundo posible:

> Lo más interesante es que la imagen representa no un estado de cosas efectivo del mundo, sino describe también un estado posible del mundo, una situación condicional, previsible, o un estado de cosas efectivo. Describe un espacio físico que es probable que haya sido, esté siendo, que fuera o pudiera haber sido o que será. En fin, la imagen adopta todas las facetas imaginables, las que a pesar de su inestabilidad concretan una imagen borrosa pero verosímil del universo representado. (1988 269).

Evidentemente la representación ya no es la misma por cuanto "implica que el lenguaje indique al lenguaje" (266) y en consecuencia "se señala así mismo" (*Ibid*) y de esta manera se torna opaco. De tal modo que Foxley asegura que la transparencia representativa no impide directamente la designación de lo representado (*Ibid*). Ciertamente esta aseveración nos conduce a la realidad de reconocer que los textos ya no son un corpus en mímesis aristotélica de primera instancia, sino en tercera (si es que pudiéramos llamarle así), es decir, la realidad ya no es representada tal cual es sino que se articula según la percepción del autor imitando entonces esta nueva intelección y no la realidad primera. Se transformaría en una suerte de resistencia "que enfatice los contextos de producción y recepción, en particular de la actividad cooperativa del receptor, quién no sólo reconstruye el mensaje a partir de la estrategia textual de la obra, sino la completa, la abre, y participa del juego social y cultural que instituye el lenguaje del texto" (*Ib*. 263). En definitiva, el autor se vale de la reflexividad del lenguaje, del significante como expresión y no como simple comunicación o acto comunicativo, o sea, es un acto verbal estético. De manera que lo que adelantábamos como superación de la lengua como una modalidad de habla, un acto de habla como producción discursiva, está en lugar de la construcción del texto y de la historia desde la función poética y alocución como acto. Por lo tanto el texto es producido por un lenguaje y no por el idioma español como ya se adelantó, sino por un lenguaje que surge so pretexto de ocultamiento y enmascaramiento de la realidad, conjugando en ocasiones la triada cultura, ideología y arte, lo que por cierto genera a su vez un nuevo campo de exploración tanto del escritor como del receptor. Aquí se halla la confluencia de los llamados nuevos códigos con lo-no-dicho, además, de la renovación visible del lenguaje poético y por lo tanto a partir de aquí se puede problematizar y provocar la reflexión sobre las condiciones mismas de nuestro ambiente social y sus mecanismos (Epple 1988 56). Ya que, según Epple "no se trataba ya de reproducir, en lugar de lo real, las convenciones icónicas que nos acostumbran a verlo de cierta de manera. Que ellos aceptaban en cambio un arte capaz de reelaborar críticamente lo real y sus códigos de representación" (56) En consecuencia, la nueva posibilidad pasa por ser capaz de redescubrir el lenguaje y ponerlo en juego a través de la nueva producción de los códigos y/o actos de habla que revelan al mismo tiempo, una apropiación semiótico-estética de la realidad y una re-presentación especularizante y auto/reflexiva del significante, dando cuenta, más bien, de una dialéctica semiótico-simbólica, entendida esta como una relación kristeviana del lenguaje, es decir, "producir significantes flotantes [...] que tienen la capacidad de pluralizar los significados supuestamente fijados [...] por la institucionalización de lo simbólico" (Del Sarto 2010 65). De manera tal que, la expansión del significante se puede verificar concretamente en los autores analizados, como por ejemplo, en Martínez se aprecia en la expansión hacia la portada y contraportada, imágenes, catálogos, banderitas chilenas, hoja de arroz, papel secante rosado, transparencia, anzuelo, collage, silogismos, aritmética, fotos, recortes, comic, epígrafes, discurso lógico y científico, extra, inter e intratextualidad, etc.

2. Textualización metafórica o poetización[36].

Aquí la textualización metafórica o poetización, es entendida, en términos generales, como la creación literaria que va más allá del texto tradicional o composición textual, describiendo o mostrando la realidad a través de metáforas como representación de la misma, poetizándola[37] finalmente con el genio romántico schlegeliano, lo que se propone desde la resistencia de las manifestaciones en el plano composicional[38] que nos lleva 'al más elevado sistema del arte, el que contiene a su vez otros varios sistemas' que, específicamente en el nivel de la forma de la expresión entra por el contraste y/o cuño a la forma del contenido, ya que la poliexpresividad es sólo una manera de denunciar o llamar la atención, o definitivamente, de dar cuenta de una sensopercepción, y por cierto, de la multi o polimodalidad como un recurso antiguo del arte, para representar la realidad, pero también novedoso de la massmediación con que se utiliza la textualización metafórica o poetización hoy en día. Con otras palabras, la forma o textualización, obedece al contenido como señalan los formalistas y por lo tanto el significado supera las formas de decir de aquella época, ya sea alterando la lógica del lenguaje o el significado de éste a través de una polisemia y/o polifonía, mediante una serie de recursos gráficos. Incluyendo la desacralización de la escritura tradicional como por ejemplo, subvirtiendo la cohesión gramatical y, a veces, la coherencia, dado que el significado también es subvertido para provocar y/o buscar nuevos sentidos; en tanto, las estrategias textuales conocidas hasta la hora son, también desarticuladas y puestas en una nueva escena como recurso discursivo poliexpresivo en primer lugar y como desorientando los metarrelatos, en segundo. En definitiva, este procedimiento del plano de composición no sólo abarca el lingüístico, sino también el temático y es por ello que las obras se complejizan, el plano composicional sufre todo él, ya que la fuerza discursiva debe superar a la textual, aún cuando deviene en la lectura, primero la textualización como una simple puesta en escena de las ideas o intencionalidades del autor. Por ejemplo, la Eltit superpone las entrevistas en *El Padre Mío*, en primera instancia, al significado; vale decir, manipula el significante, el texto para ofrecer resistencia desde el significado que no sólo contiene un metarrelato sino que sugiere una subversión del texto como manifestación poliexpresiva en oposición a la propia época discursiva, histórica-discursiva. Lo mismo que en Lumpérica. De igual forma, Juan Luis Martínez realiza sus textualizaciones desde el manejo de los significantes para resignificarlos y producir nuevos significados, y esto concurriría como la metaforización. Y esto sería, a su vez, lo que aparentemente se ve como texto (moderno y vanguardista), no obstante, por otra parte se evidencia un posible 'descalabro' del texto y esto sería en realidad la superación discursiva del texto a través de la aparente textualización, pero que se supera en la metaforización expresado no sólo en el discurso sino mediante la novedosa utilización de los significantes. Y escribo novedosa porque la ironía, la extra, inter e intratextualización son usadas con ingenio para provocar esta resistencia tanto al trayecto poético literario nacional e internacional como al cultural e ideológico: esto es oponer resistencia no sólo a la tradición literaria sino también a la cultural e ideológica desde una posición, si quiere, metacrítica y metautocrítica y que, por cierto, muta; es decir, ocurre aquí, al decir de Galindo (2004) una asimilación interdisciplinaria y una mutación disciplinaria. O sea, la textualización se hace desde la relación que ocurre entre la interdisciplinariedad y la mutación posible de la misma para textualizar, como se dice en poesía: lo dicho y lo no-dicho. Pareciera entonces, el lenguaje, "desafiarnos a un "convenio mayor", vale decir, sobrepasar el sistema simple de comunicación hacia un sistema de signos en que la asociación de un concepto con la imagen acústica es, a la vez, intuitivo, metafórico, simbólico e inductivo" (Rosas 1996 48)

Por esta razón la textualización metafórica cobra una real importancia, dado que la época, también es un obstáculo por superar sin decir lo mismo de siempre ni del mismo modo. Por lo tanto la obra conquista una autonomía objetual en la tradición, pero a la vez una resemantización o reificación crítica de la realidad, superando de esta forma la mera vanguardización de la misma, o sea, la vanguardia —como tal y como neo- sólo son una base de la textualización y ella misma que se incorpora como un medio o recurso más para poetizar la realidad y no sólo romper con ella y la tradición literaria, sino incorporarla como una manifestación cultural del sujeto creador en la obra y en consecuencia este recurso permitiría dilucidar, como antes, que los creadores en cuestión son "intelectualistas" o "culturalistas", algo así como un gongorismo renovado o neogongorismo que va atenuando el materialismo histórico a través de la desacralización del siglo XX por un aparte y por otra, una especie de renuncia al fundamento, tradición o metarrelato. Y por lo tanto, enseguida se une la percepción o la acción de una persona culta que a mayor información, propende a una forma de escepticismo que genera una verdad suplantada (mimesis avanzada), es decir, a una verdad que viene de la percepción de la realidad y no de las cosas como tales, en consecuencia este tipo de escritor es capaz de leer varias subculturas y por lo mismo es capaz de utilizar y reutilizar sus mecanismos como un recurso retórico, estético y, otros, ético.

De modo que con esta perspectiva se revisará la textualización en los autores estudiados, pero no sólo como único tópico, sino que este es el único camino para llegar a ellos y probar que la forma textual que usan obedece, ciertamente, a una metaforización del mundo que perciben y luego podremos estudiar la ficcionalización o manipulación de los significantes y por lo tanto de la semiósis que representaría este nuevo canon o desintegración de las formas, pero reutilizando los signos y significantes propios de la época y de la historia. Y esta re-presentación sería el nuevo texto. Con otras palabras, la re-presentación es la metáfora que está en lugar de la realidad caótica, absurda y en crisis que vive el autor, lo mismo que el receptor, pero que le cuesta darse cuenta de ello, pues está muy inmerso en el mundo.

A. En Vicuña, Cecilia

Se puede apreciar la incorporación de imágenes y dibujos, en consignas políticas "grafiteras" y concretas, etc. Como por ejemplo en *Sabor a mí* (1973), edición bilingüe, editada en Londres[39]. Aquí los poemas

POLIEXPRESION o ~~la des-integración de las formas~~

son novedosamente organizados. Primero en una introducción: *A manera de introducción*, Felipe Ehrenbeg, señala que este es "un libro precario y peligroso, es el primer aullido de la conciencia creativa chilena" y continúa:

> Sabor A Mi fué hecho con deshechos y deshace lo hecho. Sus palabras e imágenes se hunden en los vellitos de un papel usado, un papel de envolver, un papel amarillo oficina ahora dorado por lo que contiene. Su aspecto fantasmagórico, lo accidental en su hechura, resulta ser un reflejo del estado de ánimos de Cecilia y de todos los que acompañamos su dolor. Y este ánimo trasciende a todos los que acompañamos a Chile en estos primeros días de Ley y Orden, del nuevo desorden sistematizado.

Luego Vicuña, continúa con un caligrama de dedicatoria,

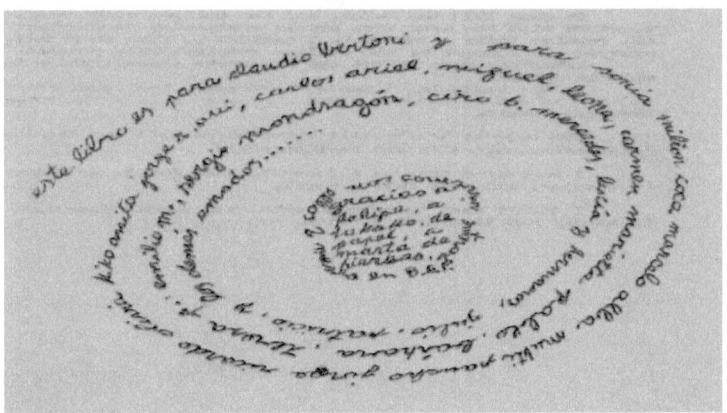

(*Sabor a mí*: 08)

pero que ya anuncia que será diferente la composición textual del libro. Los componentes básicos, el papel, es amarillo, como los que compran hoy los jóvenes en los 'super' para sus tareas, pero hoy, también sabemos se usaba además el que se llama 'kraf', es decir el papel de envolver, en dos versiones: delgada y gruesa. Uno para las cosas de almacén y el otro para las encomiendas. Bueno este papel base asume de inmediato el "área social" como sustento del arte vicuñense y que va hasta la página 49 y luego desde la 61 hasta la 85, lo que demuestra que la mayor parte del compromiso artístico lo sustenta lo social. Luego se agrega pintura, dibujos, que no siempre son de ella sino que son una inclusión colectiva, es decir, otro artista cumplimenta la gestación estética: en fotografía, Nichollas Battye que se ocupa de los objetos y Bill Lundberg, que lo hace desde las pinturas. De manera que ya se avecina una nueva forma de textualizar, poetizar y confrontar la competencia literaria, como ya se adelanta en *A cerca de los objetos*:

> Los objetos tratan de matar tres pájaros de un tiro: hacer un trabajo mágico, uno revolucionario y otro estético.
>
> Además están concebidos como un Diario de Vida; cada día es un objeto (un capítulo) todos los días forman una novela.
>
> Yo no quería agobiar a nadie con palabras, apenas ha y tiempo para vivir, los objetos tienen solamente una leve explicación.

(*Sabor a mí*: 10)

Por lo tanto, no sólo usa las técnicas colectivas de la foto, la pintura, sino también las más íntimas como un diario de vida, lo mismo que Bertoni, como veremos más adelante, pero que resulta superior, pues no sólo anota o registra su propio pesar, sino que el acontecer triado ya mencionado, otorgando esa carga de construcción poliexpresiva que va a ir levantando el andamio de la expansión, textualización y ficcionalización mediante la confrontación de la competencia literaria como ya se adelantó, pues la época será otra clave para tener en cuenta en la construcción composicional de la obra. En fin, la lucha estético-social elegida por la autora había que darla en el frente cultural, en donde, también el collage de papel, letra manuscrita, recorte, sobre una hoja corporativa de un hotel, el Stanford, texto mecanografiado, etc.

POLIEXPRESION o la des-integración de las formas

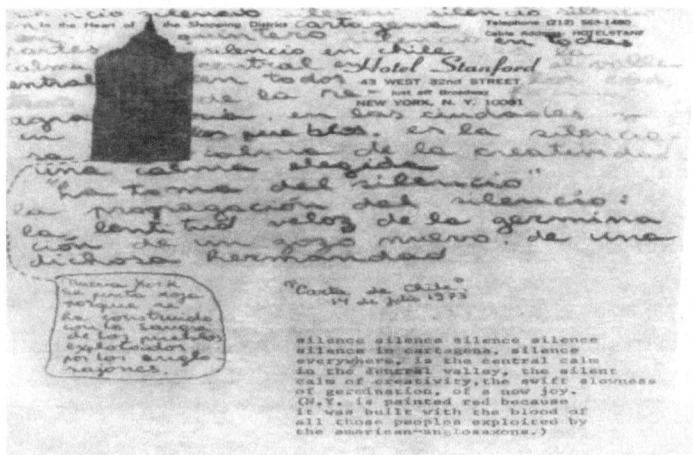

(*Sabor a mí*: 21)

se ponen al servicio de la sensopercepción o un trozo de tela con nudos que semejan un formato artístico chino en el cual escribe o transcribe en modo lingüístico como desatando nudos del tejido (análisis, transcripción, interpretación y textualiazación):

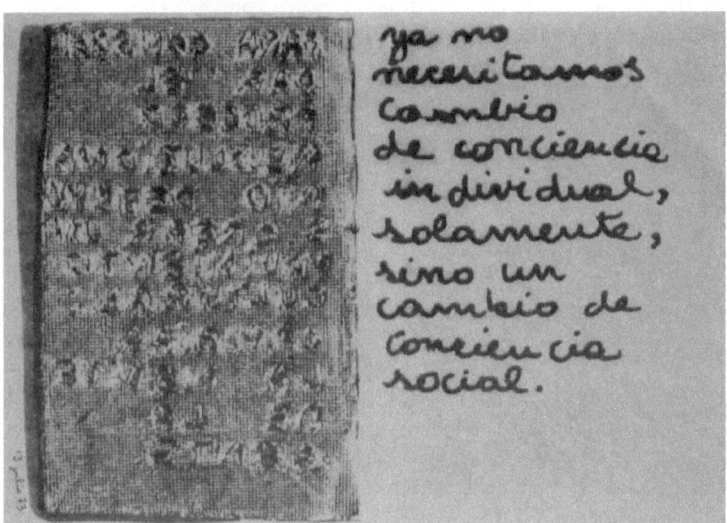

(*Sabor a mí*: 20)

o la imagen de unas nueces rotas dando la sensación de imagen geográfica de cada país mencionado

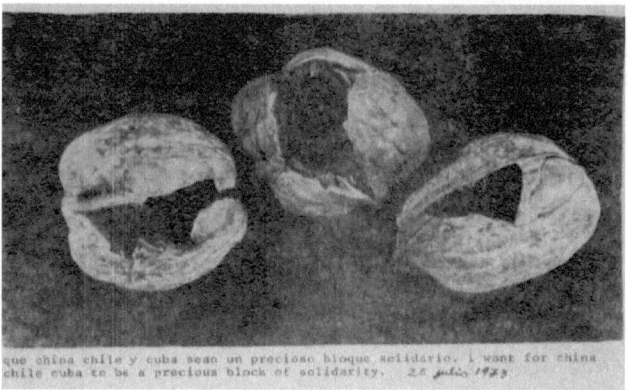

(*Sabor a mí*: 22)

o la calcomanía en forma de cruz de una mujer, un hombre y un cabrío, una mezcla rara de simetría modernista del *locus amoenus*, pero que se opone desde la consigna "del afecto del feminismo revolucionario" (23) como una realidad: "el cruce de dos universos completos" (23)

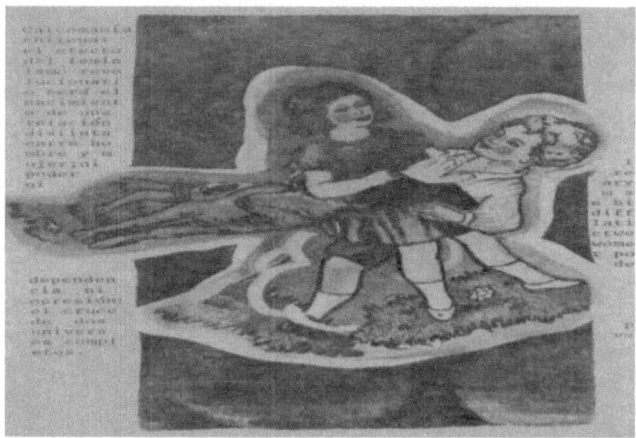

(*Sabor a mí*: 23)

POLIEXPRESION o ~~la des-integración de las formas~~

entre otras composiciones, hacen el link mágico de lo poético con la búsqueda de la revolución social, pero con arreglo en lo 'mágico' o 'mítico' de la sensibilidad del y en el arte, ya que a simple vista supera los quebrantahuesos parrianos, pues el argumento ficcional de la poetización está más cerca al enunciado de un metarrelato de izquierda al modo lírico que al mero racional, aunque en varios pasajes el discurso político del socialismo es vital para ella, pues es en este metarrelato que se ha de realzar el arte, lo que deja de manifiesto en el *Texto del Cuaderno café*:

> **TEXTO DEL CUADERNO CAFE**
> Durante 3 años (sept 1970-1973) chile fué el lugar más extraordinario de la tierra.(con la excepción de cuba y china). Este cuaderno es una celebración de esos 3 años o mi "lectura" de chile,un lugar para visiones.
> Es un cuaderno hecho a mano con un cartón snoopy y un forro de felpa de sofa, porque así deben ser las cosas: un producto de cada caricia. un objeto muy tocado es un objeto cargado, un objeto transmisor.
> Aysen
> yo soy la viajera solitaria en unas lajas de aysen,un lugar para esperar el"fin del mundo". no hay nadie en las sombras de magallanes, tierra del fuego o ay sen. tan pocas personas han ido a ay sen que los huemules no arrancan de los humanos, apenas han visto 2 o 3 y no han tenido "tiempo", digamos miles de años,para decirse que estos seres son más peligrosos que los demás animales. además los huemules tienen muchas cosas que decirse y el tema de los explotadores no les ha de interesar mucho. las regiones salvajes son alimento, reducto de la poesía, nación extensa para la recuperación de la razón y los sentidos del vivir.
> La parte de atrás de ay zen es necesariamente el presidente salvador allende, porque vino de allende la estupidez a salvar el país de las garras del imperialismo yanqui.
> Socialismo y tierras salvajes (poesía) es lo único que nos puede salvar.
> Los nombres de chile; forzosamente en tiempos antiguos, cuando yo era colonizada,mi mente estaba plagada de nombres misteriosos,venidos de áfrica y asia central, europa y oceanía. ningun nombre de chile me pululaba hasta que obtuve de pronto y en la lejanía la percepción , por eso éste

(*Sabor a mí*: 32)

Evidentemente que la obra en general está marcando la opción ideologémica de Cecilia Vicuña, y aunque a veces, la ideológica es estampada, la estética no se pierde. Apréciase como desmonta el canon de la palabra por el de la idea estética, es decir, el de la palabra como base comunicativa por el de la sensopercepción poliexpresiva de la poesía para dar paso, luego, al *Texto del cuaderno café (36):* un collage totalmente casual como dice su autora en el mismo al final del poemario:

> La página número 1° no queda delante, sino en cualquier parte.
>
> Quién es un campesino araucano parado junto a una vaca? (es un buey) en el cielo color marengo y el piso celeste. ésta transformación me la sugiere la casa que efectivamente es: color de tierra arriba, color de cielo abajo. el mundo al revés. quién es este hombre oscuro? no digo cómo se llama ni de dónde viene, sino qué ha venido a hacer sobre la tierra? qué han querido los astros (dioses) decir con el? porque ciertamente hay un lenguaje, algo que se está diciendo y que seguramente ni él mismo sabe, ni yo sé, pero la revolución me llevará a saber porque desencadenará en mí otras maneras de VER más allá de los términos de "la liberación del y la oprimida" o de la reconquista de sí misma por la india.
>
> Las cercanías del río limarí, necesitan alguna explicación?
> los cactus quizás contengan algún alucinógeno.
> por delante es el presente, por atrás el pasado.
>
> (LA REUNION DE LAS FOTOS FUE ESTRICTAMENTE CASUAL. EL AZAR REVELA EL VERDADERO FUNCIONAMIENTO DEL SOCIALISMO: UNA COMBINACION PARA LA DICHA)
>
> londres, junio de 1973.

Luego regresa a las hojas amarillas en donde se ocupa de proponer una lectura del otoño, más bien un otoño distinto, uno reunido colectivamente, mediante hojas en un museo. Claro que aquí se pierde un poco el sentido, pues el sinsentido de llenar de hojas de otoño una sala de arte es el arte, pero las hojas de otoño como objetos cautivos, provocarían el contraste estético y por lo tanto la contradicción estética-social que ella buscaba.

Posteriormente, da cuenta de *Una explicación acerca de los cuadros*, y consiste, en primer lugar, en dar explicaciones como están compuestos y el significado de ellos. Todo esto para ir fijando su visión de mundo, pero no como un simple hablante, sino como una sujeto comprometida con su mundo, su época y dar cuenta de ella, de los cambios que suceden o se esperan a través de la puesta en estética, tampoco como una simple performatividad sino como una alternativa de cambio real producido, inducido por su ser-en-el-mundo y su voz artística:

POLIEXPRESION o la des-integración de las formas

> una red de pensamiento, una telaraña que es un cosmos particular para uso de la pensadora. Siempre el pensamiento funciona creando diagramas, mandalas en los que cada punto es "un punto de relación" para moverse en lo ilimitado, un hito en el cosmos para desplazarse y jugar estableciendo ciertas "verdades" arbitrariamente elegidas para construir sistemas o estructuras, (tejidos). Así se consigue la ilusión de orden o tiempo, o la ilusión de inmovilidad dentro del movimiento.
>
> Buscando la forma en los cuadros, no puedo evitar encontrar otras formas, concebir edificios para establecer un tipo de sociedad, porque cualquier búsqueda, cualquier investigación que no está asociada a la búsqueda de una manera de vivir, es una búsqueda castrada, una ocupación apolítica que a nadie puede servir, o que sirve para mantener las estructuras que hoy están, estructuras que han sido establecidas, inventadas para servir a unos pocos y explotar y destruir a los demás. Ahora los puntos para levantar estructuras no serán creados para conseguir provecho, poder o riquezas, sino que serán levantados considerando:
> -La entrada y salida del aire en los pulmones
> -La entrada y salida de la comida.
> -La entrada del sémen y la salida en forma de guagua.
>
> Ésta es la telaraña elemental, la única que

(Sabor a mí: 62)

Finalmente incorpora una breve serie de poemas fechados entre el '67 y el '72. Éstos son más bien tradicionales, versos libres en su composición, pero con temáticas variadas que reflejan tanto su percepción cultural e íntima con un lenguaje no 'apto' para la poesía que deviene moderna en la época, que deviene, si de generación se tratara, de la caída de la del '38 y la difícil de la del '50, en el sentido de 'subir nuevas voces', pero como no hay generación, sino sólo manifestaciones en este estadio, el lenguaje se toma la palestra, el lenguaje directo, el lenguaje erótico cotidiano, popular, a veces; como así también el lenguaje directo femenil, es decir, el lenguaje de la sujeto, no el hablante, sino de la sujeto que se hace parte del discurso, del nuevo discurso cultural para subvertir el *establishment*, para posicionar a la mujer histórica en los temas culturales, políticos y estéticos; entre lo mítico y lo real definitivamente.

B. **En Bertoni, Claudio.**

La incorporación de la frase popular a través de imágenes literarias y, por cierto, mediante su asumpción de la fotografía, lo que redunda en enunciados explícitos y descriptivos. También usa el lenguaje marginal, es decir, en la época: la grosería, la ironía, lo popular, lo cotidiano. Con este idioma no-poético, lihneal (siguiendo a Lihn en su tradición parriana) y parriano, levanta sus cuadernos, ya que es una especie de diario de vida, pero con anotaciones de campo, casi antropológico dirían ahora, poesía antropológica, más bien. Con esta suerte de basamento da cuenta de sus días, sus experiencias, sus observaciones, sus reflexiones y sus desesperanzas. De tal forma que, escribiendo exteriorista y antipoéticamente, se hace cargo de una sensopercepción que pone en entredicho a la poesía de la época y por lo tanto a las formas de decir. He aquí entonces que se asume como sujeto poético también y junto con ello la ficcionalización es indirecta, dado que la descripción o expresión del día son reales, también la atmósfera marginal genera una nueva estética, poniendo a la vista la vida cotidiana que antes era al interior de la casa, las habitaciones, los cafés, etc. Se exterioriza ahora para llamar la atención de aquello que se sufre, experimenta, ríe, desespera, como ya anotamos. La ironía, la irreverencia y la contracultura son los elementos que le permite sobrevivir en aquella selva de cambio de folio de la historia, es decir, cuando la modernidad comienza a ser posmoderna, según algunos teóricos y por lo tanto los metarrelatos se comienzan a cuestionar, sin embargo, esta forma 'más social' de escribir se acerca, precisamente a la opción ideológica, pero que se trasunta en ideologema, es decir, desde la creación literaria se plasma la ideología o visión de mundo y el arte a la vez, pero no es tan directa como en Vicuña, sino transversalizada mediante el día a día de la vida y por lo tanto reflecta lo social desde ahí, desde "el diario de vida", pero lo socializa a través del "cuaderno" de vida como una opción política o como una política escritural beatniks, más bien.

Los cuadernos representan la precariedad humana, en tanto material y los poemas la miopía estética, pues con ella se puede alcanzar a

POLIEXPRESION o ~~la des-integración de las formas~~

poetizar lo no poetizable, incluso desde la intertextualidad para "decir lo que no puede decir tan bien" (Bertoni 2007 9).

El libro en cuestión es *Rápido, antes de llorar* (2007) y está formado por 17 diarios, que en realidad son cuadernos de bitácora algo *sui generis* que van desde el '63 hasta el 2007. En él desarrolla una temática amplísima, ontológica, en la que da cuenta de su vida, tal como lo señala en el épigrafe de Montagne: "Así, lector, yo mismo soy la materia de mi libro" (*Ibid*). La forma habitual es la prosa enunciativa, descriptiva, narrativa:

> "Te quiero mucho" se entiende. En cambio, "te quiero tanto" es raro. Es puro miedo a una irreversibilidad espantosa, es la pura imperatividad de una impotencia que no se sabe dónde comienza ni mucho menos dónde termina. Ves un hachazo en la cabeza. (*Cuaderno Uno* 22)

el poema versolibrista,

> Si se rieran los árboles
>
> O a lo mejor se ríen de otra manera
>
> O a lo mejor están verdes de tanto aguantar la risa
>
> O son verdes de tanto aguantar la risa
>
> O a lo mejor algún día sueltan la risa y es el Apocalipsis
>
> O el Día del Juicio final
>
> O el mismo Paraíso Terrenal

> O el infierno es una multitudinaria ininterrumpida risa verde (*Cuaderno Dos* 34)

Aforismos o sentencias de tipo cotidiano y popular,

> Publicar un libro póstumo es una burla y volverle inmisericordemente la espalda al difunto. (*Id.* 42)

La eroticidad en él es directa, sin tapujos;

> Cada una me hace temblar como si no hubieran pasado antes culos, senos, frente a mi casa. Como si antes nunca hubiera habido ni unos ni otros, y de pronto: ¡plaf! (sic), pasadito el pino, se infla uno, ardoroso y durazni1. Las imagino además en el camino rasmillándose enteras y quemándose la pera y las caderas contra el polvo del hirviente suelo. ¿Y después? Farewell -como Neruda. (*Cuaderno Doce:* 229)

Las anotaciones, cotidianas: describe y siente,

> Siento ganas de vaciar la cama en que me acuesto. Siento ganas de vaciar la silla del comedor en que me siento. Siento ganas de vaciar el lugar del patio en que me paro. Tengo ganas de vaciar el lugar que ocupan mis zapatos. Tengo ganas de vaciar el lugar que ocupan mis pies en mis zapatos. Siento ganas de vaciar mis calcetines, de vaciar mi piel y de vaciar mis huesos y hasta la médula de mis huesos. Mudo insultado pasado a llevar como he sido y como me siento. (*Cuaderno Catorce:* 261)

Vive y reflexiona,

> ¿Para qué quiero tener la pieza calefaccionada si no puedo leer o escribir con la puerta abierta que es el requisito para

POLIEXPRESION o ~~la des-integración de las formas~~

> que se calefaccione con la temperatura del resto de la Casa? Mi hermana insiste hasta que abre ella misma la puerta. No puede comprender que haya cosas peores que el frío. Si ella leyera esto diría que por qué no le hablo que por qué no le digo que si no tengo boca para hablar. Es que si le hablo y le digo y no me quejo aquí en mi diario: ¿de qué escribo? (*Cuaderno Catorce:* 271-272)

Existe y reclama en lo más elemental,

> ¿Existe algo peor, algo más desalentador, algo más deleznable, algo más irritante, algo más artero, algo menos deseable, algo más subrepticio y sibilino, algo más cobarde y por debajo de la puerta, algo más plateado y mezquino que un tenedor que resbala del plato que uno lleva la cocina? (*Cuaderno Doce:* 221)

Finalmente, pero no por ello menos importante y, tal vez lo más relevante, es la búsqueda de una misticidad o divinidad oculta en lo social, en la realidad fractal que estampa como una contracultura tradicional y, que no es la sola cultura social y literaria, sino que, como la Mistral misma, o como Martínez, entre otros, la catolicidad dominante como cultura y por ello su búsqueda va desde la creencia, el misticismo, el agnostismo y la realidad como queriendo entender un cierto ocultamiento de un ser supremo o realidad suprema "oscura [por oculta creo] a la que se puede llegar por las negaciones" (Cussen 2012 11) y esta sería la contracultura global, es decir, la catolicidad inmersa en la cultura, lejos de una mera religión y por lo tanto Dios sería manifestación cultural, social cotidiana, o sea, aquello que se reconoce como negativiadad de Él popularmente: "En el sueño de anoche Dios es un gato sarnoso en un sitio eriazo" (Cuaderno Uno 14) como reconociendo al mismo tiempo que:

> El dolor la soledad la frustración la contradicción la confusa postura metafísica la autocrítica constante el horror a la muerte la profunda sensación de ira hacia la nada el escepticismo la brutalidad el paulatino

aniquilamiento físico el sufrimiento ante la muerte de los seres queridos la angustia y el aburrimiento unidos a una gran capacidad de ternura y elevación interiores incapaces de proyectarse formaban la esencia de. (*Cuaderno Uno* 23-24)

En consecuencia reconoce al mismísimo Dios [que] es grande y bueno tiene la barba blanca y nosotros estamos todos muertos hemos sido juzgado y condenados al fuego eterno. (*Cuaderno Dos* 33) y por lo tanto: "Me [le] gustaría que Dios le tomara una fotografía a la tierra en este mismísimo instante" (*Ib*.52) dado que: "La tentación de beber agua y nada más que agua, ya sea agua de la llave o agua de vertiente. Lo que cuenta es que sea cristalina ("lo que importa es que Dios esté adentro" (sic)). Y que sea suave como la seda y sin aristas cortantes: lenguado tras lenguado, tras lenguado, tras lenguado. (*Cuaderno Siete: 113*) y esta realidad conduciría al poeta, al sujeto en crisis con la realidad tal cual es a pensar y rogar en primera persona: "Sí yo creyera en Dios le rezaría: oh Dios saca el odio de mi cuerpito". (M). (*Cuaderno Nueve*: 137). Con otras palabras el poeta/sujeto se enfrenta a otra realidad que es la contradicción diaria del creyente o no creyente, del poeta o no poeta en medio de este mundo, queriendo sin ser del mundo:

> La contradicción es el criterio. No pueden procurarse por sugestión cosas incompatible. Sólo la gracia lo puede. Un ser tierno que se vuelve valiente por sugestión se endurece, amputa muchas veces su ternura por una especie de placer salvaje. Únicamente la gracia puede dar el valor dejando intacta la ternura o la ternura dejando el valor intacto. (S. Weil. Cuaderno Catorce 281)

En fin, en términos del mismo Bertoni, se resume de la siguiente forma lo que plantea en su escritura:

> Y aunque a mí no me gusta el peligro ni lo haya jamás consecuentemente buscado me hago eco de estas palabras de Michel Leiris: M ¿Acaso lo que sucede en el ámbito de

la escritura no está desprovisto de valor si sólo se limita a lo *estético*, anodino y falto de juicio, si nada hay, en el hecho de escribir una obra, que sea equivalente (y aquí interviene una de las imágenes que más ama el autor) a lo que es el cuerno acerado del toro para el torero, única realidad que -a causa de la amenaza material que conlleva- da una dimensión humana a su arte y le impide que sea vanos pasos de bailarina? Poner al descubierto ciertas obsesiones de orden sentimental o sexual, confesar públicamente las deficiencias o cobardías que más lo avergüenzan: tal fue para el autor el medio –basto sin duda pero que él hace entrega a los demás con la esperanza de que lo mejoren- de introducir por lo menos la sombra de un cuerno de toro en una obra literaria. (2007 *Rápido, antes de llorar* 9)

En consecuencia, la plasmación poética aquí se resuelve a través de la 'buena' descripción, irónica a veces, ladina otras; pero fundamentalmente fractal, en el sentido de resumir la sensopercpción en fragmentos de la realidad que, finalmente, son la realidad misma que se quiere textualizar y poetizar, son el propio texto social y personal que se evidencia lihnealmente (el que sigue a Lihn, después de Parra), más bien, en una apropiación metonímica y desde allí a una al mundo posible de la metáfora. Bertoni, finalmente usa la lihnealidad como una re-presentación de la fotografía que quiere fijar mediante el lenguaje, el nuevo lenguaje contracultural y por lo tanto la textualización fija, como la fotografía, la realidad. Y esta 'pega' la realiza desde la poetización, más que de la simbolización de un diario de vida: desde la poetización ontológica del "cuaderno" como una naturalización del sujeto poeta, dada la necesaria y necesidad de la escritura y no como una mera intelectualización, pues esta no daría con la intención de la vida misma, sino que se queda atrás, es decir, no puede dar cuenta total de ese fragmento de realidad ni de la realidad misma. Es como una suerte de ocultamiento de ella y que también es presencia divina de la negatividad en algunos casos, pero que muestra la presencia del ocultamiento del mismísimo Dios, o sea, toda aquella fragmentación de la realidad tendría una presencia mística: la eroticidad, el goce, el sufrimiento, la historia personal y también la social.

De tal manera que aquella contracultura no es solo beatniks, parriana y lihneal, sino también una búsqueda constante de un Dios oculto, como una suerte de búsqueda mistraliana con su cristiandad social; una teología negativa adorniana y que Cussen (2012) sitúa en la Teología Mística de Dionisio [el] Areopagita, señalando que:

> No podemos hablar de ella ni entenderla [la Causa Suprema] [...] No puede la inteligencia comprenderla, pues no es conocimiento ni verdad. [...] No es ninguna de las cosas que son ni de las que no son. Nadie la conoce tal cual es ni la Causa conoce a nadie en cuanto ser. No tiene razón, ni nombre, ni conocimiento. No es tinieblas ni luz, ni error ni verdad. Absolutamente nada se puede afirmar ni negar de ella (379-80)" (11)

Algo que en cierta medida se ve reflejado, pero no del mismo modo en otro de los poetas analizados.

C. En Maquieira, Diego.

En él la extensión y expansión del significante se inicia con el título del libro que refiere a su vez a una fiesta religiosa popular norteña de Chile, más bien pagana: la Fiesta de la Tirana, que zanja sus ritos mediante la iconografía hecha carne, es decir, desde los disfraces y gigantescas máscaras, pero aquí Maquiera, al llevar la imagen y alegoría a la praxis de aquel ritual, incorporándolo directamente al texto, lo ficcionaliza, sobre todo desde la configuración de un lenguaje fractal, de traslación y posible desintegración del sujeto entre el yo oprimido y el yo opresor tan común de la época oscurecida aquella (1492/1973/1983), pero principalmente romper el lenguaje para encontrar uno propio. De tal suerte que este texto que es una fiesta, un carnaval que se transforma mediante un mundo posible que se manifiesta a través de *La Tirana*[40] (1983), libro que está compuesto de la siguiente forma:

POLIEXPRESION o ~~la des-integración de las formas~~

- Primera Docena (contiene tiranas desde la I a la XII)

- El Gallinero (contiene una veintena de poemas diversos)

- Segunda Docena (contiene tiranas desde el XIII hasta la XIV)

Esta es la estructura macro, en la micro son poemas de verso libre, mucha intertextualidad, obediente, por cierto, a la ficcionalización y a la textualización neobarroca que usa el autor para construir el texto sobre la base de un lenguaje, sin bien culto, articulado como el popular:

Yo, La Tirana, rica y famosa

la Greta Garbo del cine chileno

pero muy culta y calentona, que comienzo

a decaer, que se me va la cabeza

cada vez que me pongo a hablar

y hacer recuerdos de mis polvos con Velázquez. (7)

La cara de Velázquez se iba como loca

La suegra, La mamá, La impopular Velázquez

La que se las dio de dolor

La Estados Unidos de acá, La ricachona

culta que te crió bajo la lengua materna

de Hailey, Idaho. Ven jefe, ven tú solito ah (21)

Y con figuras o personajes del S.XVII, como es Velásquez, pero como recurso barroco y culterano para decir lo no-dicho, o sea, como un modo de ficcionalizar la realidad por él percibida en busca de alguna seguridad, tal vez, ya sea personal o social. Aquí Maquieira se atreve, mediante la subversión estética y la irreverencia a usar la extrahistoria como una extratextualidad y que nos lleva de algún modo a la intrahistoria e intratextualidad, como podría leerse por ejemplo en:

    Mi cuerpo es una sábana sobre otra sábana

    el largo de mis uñas del largo de mis dedos

    y mi cara de Dios en la cara de Dios

    en su hoyo maquillado la cruz de luz:

    la que se la suben de ahí, la D.N.A. (8)

O bien en

    "La gente de orden quiere que salgas del gallinero".

    "¿Me lo ordenan o me lo ruegan?"

    "Te lo pido yo, pero dentro de unos días seré

    el Malo de Lincoln y te obligaré a irte." (20)

En definitiva *La Tirana*, se asume como una sujeto, más que un hablante, una sujeto comprometida con su conciencia y su vivencia cultural que implica no sólo reconocer el contexto en el cual está inserta sino que también el nivel cultural y que a su vez le permite desarrollar la ironía, el humor negro relacionando la cognición historiográfica con la metacognición histórica, la cual levanta desde la poesía, poniendo el texto, en el plano de composición y la ficcionalización en el temático; y este ya es un cambio fundamental, pues estéticamente la composición resuelve el

POLIEXPRESION o ~~la des-integración de las formas~~

texto, sin embargo aquí, subvierte el texto para ir a la tematización desde la ficcionalidad, ya que la propia realidad se está ficcionalizando en el ritual de la fiesta y el humor irónico, más bien bajtiniano como las menipeas: "rico en posibilidades, excepcionalmente condicionado para una 'penetración' (sic) en las profundidades del alma humana y para un planteamiento más agudo y directo de las últimas cuestiones (Bajtín 1986 203). Dado que además se expresa en la tierra, en el infierno, en el cielo (207) algo parecido a lo que se vive en la época escritural de *La Tirana*. Por lo tanto el discurso poético maquieirano se parece a los ya revisados: la textualización para componer y la ficcionalización para significar culturalmente lo que está pasando en el Chile real, por lo tanto contienen el germen de una imagen de una idea, y una actitud libre y creadora frente a esta imagen (153 – 154):

"EXAMINATION AT THE WOMB-DOOR"

DEL TED HUGHES CHILENO

Quién es dueño de estos pies chicos y horrendos? La muerte.

Quién es dueño de esta cara sin ningún brillo? La muerte.

Quién es dueño de estos pechos aún duros? La muerte.

Quién es dueño de esta relajada en la cruz? La muerte.

Quién es dueño de este cerebro dudoso? La muerte.

De esta sangre revuelta? La muerte.

De este acento sudamericano? La muerte.

De estos ojos más o menos puntudos? La muerte.

De esta pequeña lengua perversa? La muerte.

De esta religiosa pagana? La muerte.

De esta anárquica colapso, sin clase? La muerte.

Dada, robada, o sujeta a juicio diferido?

Sujeta.

Quién es madre de toda la tierra? La muerte.

Quién es madre de todo el espacio? La muerte.

Quien es más fuerte que la esperanza? La muerte.

Quién es más fuerte que la voluntad? La muerte.

Más fuerte que el amor? La muerte.

Más fuerte que la vida? La muerte.

Pero quien es más fuerte que la muerte?

      Yo, el Rey

Pasa, Cuervo. (34)

Evidentemente que esta es la matriz de la época, es decir, esta es la oscura imagen del mundo que se vivió (1492/1973), vive (1983) y vivirá (hasta 1989). La muerte anda por nuestra historia como el Cuervo, pero no termina allí, pues la culturización o textualidad que desempeña el poeta en el texto alude a la clase media y alta para refrendar en ellos cierta responsabilidad de la muerte, ya que conociendo tanto no es mucho lo que hicieron para evitar estas muertes, incluso usa su lenguaje hablado, entre culterano y vulgar, pero también para cualquier lector, ya que el mundo posible planteado aquí es la subversión frente al poder histórico, cultural, religioso, económico y discursivo, ya que hasta el lenguaje se descompone, dado que es el primer poder en afectar, pues lo simbólico de la lengua como identidad y/o herramienta +*humana* no ha servido sino para producir, en aras de la unidad (léase hegemonización mediante la globalización) muerte, dolor, fragmentación, descentramiento, etc. Y por lo tanto ha perdido sus límites, sus fronteras son diferidas en el texto y por ello hace cuerpo sólo a través de la ficción y la puesta en escena de un mundo posible, toda vez que "hasta la invención más desorbitada sólo es distinta en función de lo existente, se crea y se recibe con el instrumental que suministra nuestra realidad" (Spang 1984 153).

D. En Zurita, Rául.

Purgatorio (1979)[41], aquí el autor recupera una obra clave de la literatura universal, como lo es *La Divina Comedia*, pero se centra en la ficcionalización de su propio purgatorio, personal y social, pues la época que vive así lo amerita. Por lo tanto este discurso poético denunciativo e irreverente de La Comedia se hace carne una vez más en la poesía. Al mismo tiempo que los otros autores, asume una época y un autor determinado para iniciar la contra-dicción como contracultura, es decir, como oposición a lo establecido, el arte es una realización talentosa, estética y social de crítica y subversión a la realidad que les ha tocado vivir, y más todavía, cuando esta realidad atenta contra la naturaleza humana. Atentado que en aquella época se imponía por las hegemonías ideológicas y de poder tan 'clásicas' en Américalatina histórica y por los '60s.

El Purgatorio, no sólo es el paso de un nivel a otro en la gran Comedia, sino que es el paso popular y obligado para enfrentar el cielo y el infierno a la vez, toda vez que el alma del muerto no es totalmente purificada. Por lo tanto, en Zurita pasa por el trance, tanto individual como colectivo; por el del sujeto como el del hablante; sin embargo opta por el sujeto que ontologiza el arte y puede entonces construir estéticamente, el mundo real, no sólo el posible. Y esta es una tarea ardua, pues va del trasunto de la historia hasta el del campo de composición, es decir, va a trascender, además, los discursos y los géneros literarios. En este caso desde los significados.

Para Zurita no basta el lenguaje común, busca entonces otros para abrir las dimensiones también comunes del binarismo: cielo – infierno, sino que lo abre al purgatorio como una tridimención o multidimención multilineal y polimodal al mismo tiempo. Como por ejemplo el de una sujeto lírica:

mis amigos creen que

estoy muy mala

porque quemé mi mejilla (3)

Que, se quiera o no, está reconociendo una cierta esquizofasia por la ruptura del tiempo lineal y por lo tanto de la apropiación de la realidad que ahora ya no lo es, está fracturada, violentamente fracturada y por ello la dislocación, la confusión simbólica, pues si la realidad ya no es la misma entonces la simbolización tampoco lo es y entonces hay que rehacerse, como sea, pues hay que seguir, aun cuando se reconozca que se está en el purgatorio, estado transitorio entre el Infierno y el Paraíso dantiano, en consecuencia mientras se reinventa va desde el *Purgatorio* al *Anteparaíso* y, finalmente, a la *Vida Nueva.* Por lo tanto el camino no es/será fácil, dado que acaba de estrellarse con la realidad más cruda de la humanidad, la que se parece a la de la cristiandad, recuérdese aquí que Zurita se quemó la mejilla en señal de humildad cristiana en oposición a la violencia: "poner la otra mejilla", algo que por cierto le remeció toda la humanidad y por

POLIEXPRESION o ~~la des-integración de las formas~~

ello entonces la resistencia y la reconstrucción desde la reflexividad simbólica y en consecuencia no bastó la palabra que era la representación +*humnana*, pero ahora fragmentada, perseguida, torturada y hecha desaparecer, incluso, sino que era necesario usar todos los elementos posibles, que siendo vestigios +*humanos* ahora eran sólo un símbolo reificado, dado que la simbolización natural y normal, ya no era practicable, por lo tanto toda realidad trascendental, espiritual, religiosa, teológica, filosófica, política, etc. sólo era objetivable desde la pérdida de lo simbólico, dado que la modernidad y su expresión máxima en la razón y en el poder son los nuevos catalizadores y para esto se vale de los nuevos elementos concretos y tecnológicos que el hombre ha desarrollado a través de su historia, como por ejemplo:

Iconografía: Incorpora su foto y le agrega en mayúscula la expresión EGO SUM (yo soy), es decir reconoce de inmediato su ser identitario, diferente de un carné en que sólo aparece el nombre y el número de identificación, como cualquier registro de un individuo cualquiera de cualquier especie, que se nombra y se numera. Aquí no, aquí el YO es vital: EGO SUM.

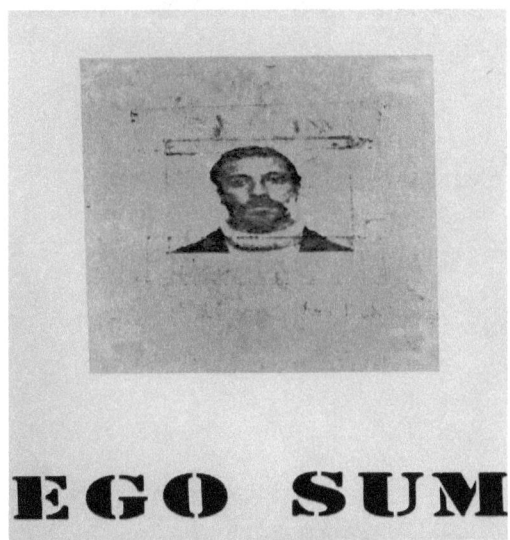

(Purgatorio: 6)

Manuscrito o intervención lingüística sobre la base de ellos, como por ejemplo una nota médica de una psicóloga que está intervenida con expresiones tales como: *LA GRUTA DE LOURDES, AMO TE AMO INFINITAMENTE,* pero antes lo hace en la primera línea del texto: "te adelanto una impresión sobre…", aquí, en paréntesis, agrega un artículo femenino plural y luego registra los de *Violeta, Dulce Beatriz, Rosamunda, Manuela.* De modo tal que expande el significado del primer significante que es la nota médica, pues al ser intervenida pierde su significado original y se queda sólo como significante*:*

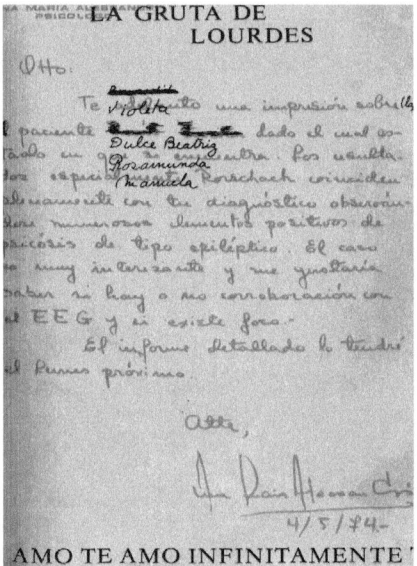

(Purgatorio: 30)

Entre otros recursos como silogismos

POLIEXPRESION o la des-integración de las formas

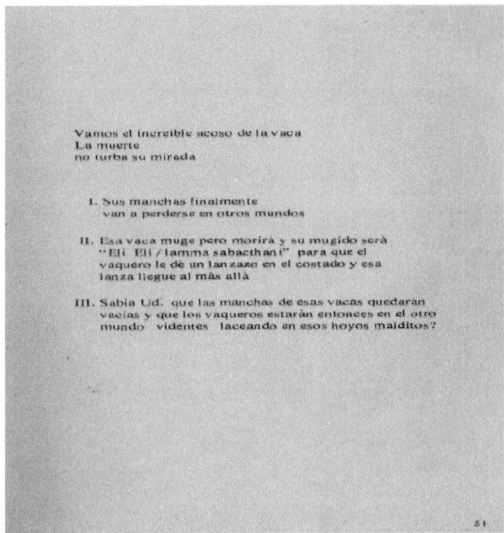

Vestigios de algebra, en *LOS CAMPOS DEL DESVARÍO*

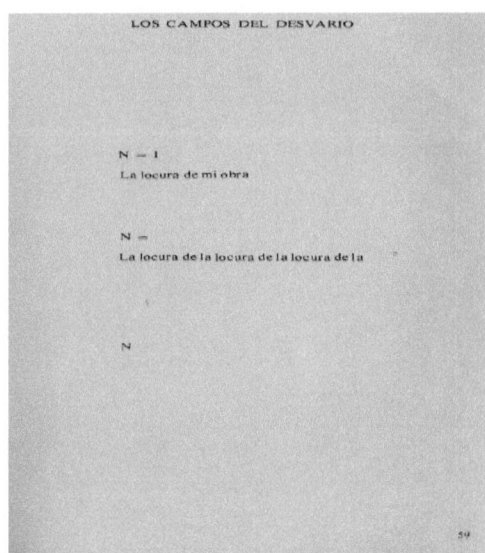

Dibujos, *en Mi amor de Dios*

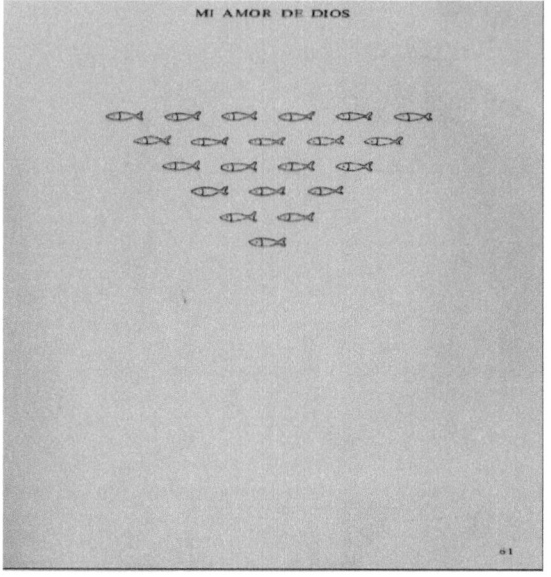

E intervención lingüística y religiosa en planos geométricos en *Las llanuras del dolor*

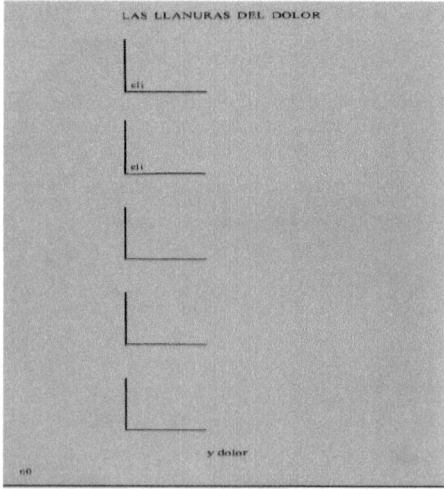

POLIEXPRESION o la des-integración de las formas

Encefalogramas, también intervenidos, con expresiones como *INFERNO* *(al comienzo, casi como título), con un verso que está al medio, después de la tercera onda encefalogramática (mi mejilla es el cielo estrellado) y con un nombre casi como pie de firma (Bernardita)*

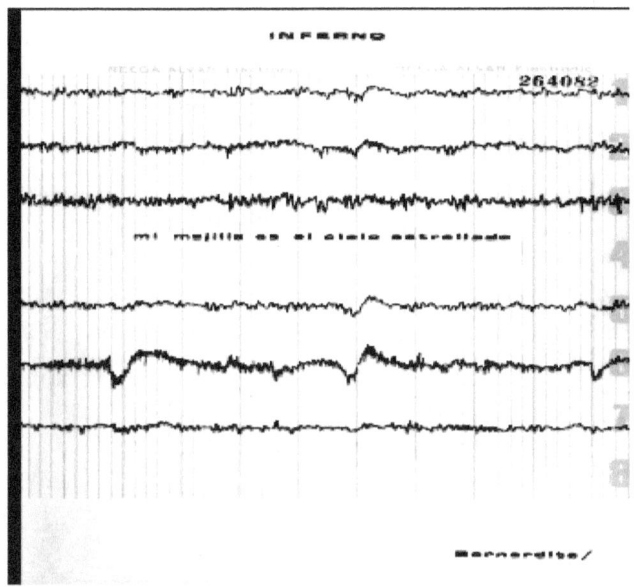

Todos estos son recursos que muestran la nueva manera de abordar la des-integración de las formas en las manifestaciones artísticas. Evidentemente que modificadas por la realidad sociocultural y política que determinan, finalmente a una obra de arte, querámoslo o no. No obstante ello podemos apreciar que una construcción tan breve y precaria, se puede observar la realidad despoblada de humanidad, cada vez se produce el arte más tecnificada, más concreta, pero también más, aparentemente vacía, ya que la sola esquematización del hecho estético se va vaciando de contenido, de simbolización, sin embargo cuando el lector comienza a preguntarse por qué esta suerte de vaciamiento de sentimientos, emociones y realidades más poéticas se inicia, también, de inmediato, la conexión con la sensopercepción poliexpresiva o polimodal, ya que los distintos modos de expresión se unen para no desaparecer también como está ocurriendo con la humanidad en su máxima expresión provocada especialmente por la represión política y por lo tanto esta sería la puerta de entrada de nuevo a *La Nueva Vida*, es decir, pasando primero por el *Purgatorio* llegaremos al *Anteparaíso* y finalmente al Paraíso perdido.

Aquí se aprecia entonces como los autores de esta época ejercen esta faceta en sus creaciones, es decir, como todos ellos, cual más cual menos, se acerca al uso multimodal o poliexpresivo, precisamente a través de la recursividad como retoricidad en busca de significados, nuevos significados. De tal forma que usan la textualización metafórica como autocrítica, primero y luego como metacrítica y de esta manera llaman la atención del lector para ir reconstruyendo esta realidad medio apocalíptica de los 60 y los 70 en Chile. En consecuencia la fragmentariedad es la primera metaforización, ya que la realidad ya carece de sentido. Esta es la textualización mayor y al interior de ella, de la denuncia de época y contraste con otros de su época, como la Tribu NO por ejemplo, o pares como Cameron, Parra, Zurita serían la segunda respiración, aun cuando no constituyen generación, sino sólo grupo y no sistemáticamente con manifiestos y esas cosas. Y luego la textualización metafórica más personal que sería la ironía de la lectura del mundo, de la realidad y por lo tanto había que cambiarla, subvertirla.

De esta misma manera Vicuña por una parte, quiere subvertir este mundo con escritura que textualice y metaforice un momento de la historia que ella vive personal y socialmente, por lo tanto lo que va a realizar es intervención a través de esta nueva forma de textualizar. Va a escribir con palabras, pero también con dibujos como grafitis e iconografía. Todo ello incorporado en un mismo libro. Pero la diferencia estará en que ella asume una postura política y por lo tanto la subversión textualizadora y metafórica estará en pos de una manipulación que quiere refrendar un metarrelato, que políticamente tienden a desaparecerlo, pero que a través de este recurso los artistas comprometidos quieren reformular y avivar. Aquí el texto *Sabor a mí*, publicado en año '73 en Inglaterra en versión bilingüe es decidor, pues aquí se centra toda la

POLIEXPRESION o ~~la des-integración de las formas~~

resistencia artística y política a través de la textualización metafórica, que no es otra cosa que marcación de la época como metarrelato de izquierda para que no se pierda y subsista como tal. Por ejemplo las primera páginas, allí hay una declaración que se titula *A cerca de los objetos*, aquí declara precisamente, entre otras cosas que: "los objetos tratan de matar tres pájaros de un tiro: hacer un trabajo mágico, uno revolucionario y uno estético". Por lo tanto y a modo de conclusión de esta presentación que ella hace señala: "yo no quería agobiar a nadie con palabras, apenas ha y tiempo para vivir, los objetos tienen solamente una breve explicación". Pues bien ahora sólo debemos continuar la lectura y hallaremos una infinidad de recursos que textualiza y metaforizan estas realidades de un mundo concreto en texto que se organiza como Diario de Vida, pero que se metaforiza como resistencia poética, tanto de izquierda como estética.

Algo similar sucede con Bertoni: "por primera vez no se trata de un libro estrictamente de poemas. ¿De qué se trata entonces? De un diario de vida o libro de poesía *sui generis*." (2007 9).

También se textualizan en narrativa, poemas, sentencias, noticias, datos, etc. Ahora ellas metaforizan un diario que recoge la historia, dando cuenta de ella. Para esto Bertoni utiliza un lenguaje en español y en inglés y que a veces va pasando por el ingenio del juego lingüístico. También va registrando como una acción de contracultura que quiere resistir desde la apropiación estética más que la vida misma. También lo hace desde una cierta ironía parriana, casi como los quebrantahuesos, pero con oraciones, frases e historias más enteras y concretas. A veces, la contracultura juega un rol sólo de llamado de atención y por lo tanto a través de ella se puede estetizar (metaforizar) la realidad. V.gr.:

- "¿Qué quieres que te cante? Soy un pajarito "Wurlitzer". (VR).
- "He perdido toda compostura, en cuclillas, a poto pelado, silbando y tirándome peos". (VR).
- "Te quiero más que tu mamá". (VR).
(13)

- El contrabajo es un violín de dinosaurio.
  Y el violín un contrabajo de tiuque.

- La criada que escucha una disputa conyugal deja de pasar el plumero.
  (Greguería de Gómez de la Serna convenida en haiku por mí).

- La luna es la hostia de los astronautas. (179)

En estas partes, por ejemplo, funcionaron estos textos como un *quebrantahueso*, pero de imágenes; de palabras convertidas en imágenes y por lo tanto la sola manipulación de estos signos nos lleva al mundo posible del mundo parriano, pero también de la textualización de la realidad de otra forma distinta a como era en la época, por lo tanto Bertoni, no sólo adhiere a Parra, sino que lo asimila en situaciones familiares y coloquiales; diferentes de lo filosófico-marxista de aquel Nicanor y transferible a un citadino como Bertoni.

Por cierto Zurita y Maquieira lo hacen desde la creación de mundos posibles, por lo tanto la textualización metaforizante es un recurso estético para crear otros mundos distintos de los reales. Aquí los autores textualizan la cultura intelectual o, dicho de otro modo, intelectualizan la cultura. Surcan los espacios de más allá de la realidad y crean otras. Así como los autores anteriores no se sitúan en un aura distinta, un aura cultural, una más completa que las otras, como es el caso de Martínez, pero las de *Purgartorio,* en el caso del primero no es otra cosa que la monumentalización de una vida, la del autor. Es decir, el autor textualiza a modo de monumento una obra que contiene su propio purgatorio, desde el dolor individual hasta el colectivo. Aquí se incorporan elementos retóricos más concretos como por ejemplo, un sujeto femenino a veces algo lumpérica e iluminada, encefalograma, dibujos, silogismos, fotos, carta, lenguaje matemático, geometría. Todo ello como recurso de textualización como adelantamos para asumir un tiempo y espacio cultural y sociopolítico distinto, pero que no se puede decir del mismo modo, sino demostrar esa apocalipsación desde la metaforización, además, los códigos semiotizados son el reclamo y la denuncia en sí mismo, pero a la vez el anuncio de un nuevo tiempo y espacio en la estética nacional. Lo mismo ocurre con Maquieira en *La Tirana*. También un sujeto femenino histórico (la Malinche) que asume la tiranización de una prostituta como el mundo concreto posible de la obra y por lo tanto la cultura artística, popular individual y colectiva del autor juega un rol importantísimo, pues esta es la textualización que se hace cargo de la esencia de la tirana y que re-presenta un mundo en crisis, luego de ser joven y poderosa "Yo, La Tirana, rica y famosa la Greta Garbo del cine chileno" hasta caer en la vejez y el desuso, incluso: "*Velázquez, soy una bolsa llena de amor// desocupada y estoy sola// y a punto de reventar en Chile// y me importa un cristo todo el largo de este mundo// Qué gran final es morirse, Velásquez// pero que triste// y la verdad es que no queda nada, nada*"; y por lo tanto en la pérdida del poder. Y esto es la metaforización en este libro, ya que la metáfora es un pueblo sometido al poder o capricho de la Tirana, pero que luego se ve así mismo en decadencia.

3. Ficcionalización o manipulación de las nuevas realidades.

La textualización metafórica y poetizable funciona entonces como ocultamiento y/o ficcionalización de la realidad, en definitiva, como la configuración del significante, especialmente como manejo y empleo de/en la significación, léase manipulación del significante: "en un contexto que presenta las limitaciones típicas de las situaciones manipulativas: hablantes poderosos y receptores que carecen de recursos específicos, es decir, conocimiento para resistir la manipulación" (Van Dijk 49), pero que en este caso se usa, más bien, con un carácter positivo[42], especialmente en el plano de composición de la obra de arte literario; empoderando de este modo a un creador-editor[43], es decir, por la poesía que camina entre la vanguardia, la posvanguardia o neovanguardia o como quiera que se le llame ha trascendido la realidad como una ficcionalización, entendida esta como "un medio artístico capaz de superar la contingencia y las continuas transformaciones de los fenómenos de nuestro entorno para configurar verdaderas constantes del ente y del ser" (Spang 2009 123) y esto es la figura del creador-editor. Bástenos recordar que la ficcionalización es importante para dar cuenta de una realidad que se mimetiza en niveles superiores, o sea, la mimesis en términos estéticos como una aprehensión comprehensiva que está ligada, más bien, con uno de los mundos posibles básicos de ella, "construir un simulacro de realidad fáctica" (*Id.* 122) afectando, como señalan Carrasco (2002) y Galindo (2002, 2003) la producción y la recepción. De tal manera que "esta consecuencia negativa del discurso manipulativo ocurre normalmente cuando los receptores no son capaces de comprender las reales intenciones o ver las reales consecuencias de las creencias o acciones defendidas por el manipulador" (van Dijk 51). De tal modo que el manejo o maniobra del significante, del artificio es un nuevo metarrelato, o por lo menos de *resistencia*, lo que nos llevaría a pensar en que "la manipulación es un fenómeno social, [...] un fenómeno discursivo-semiótico porque la manipulación se ejerce mediante la palabra oral o escrita y los mensajes visuales"(52).

En este sentido, la mimesis permite asirse de la realidad como una reproducción de ella, como una traslación entre la realidad y la aprehensión comprehensiva o simplemente como la aprehensión comprensiva. De tal suerte que aquí la última opción ha sido la que más se ha desarrollado, ya sea por vía de enmascaramiento y/o manipulación o simplemente por evolución de la tradición literaria chilena como la manifestación de la crisis de la modelización artística (Galindo 2004) y asertivamente lo había adelantado ya Cedomil Goic (1989 III 30) cuando señala que son los poetas de mediados del siglo XX los que imponen la crisis de los modelos prestigiosos imitados: historia, ciencia, sociología y de que, por cierto, asistimos a la apropiación de estrategias y recursos discursivos provenientes de otras disciplinas a través de la cita, la alusión o la parodia. Cualquiera sea el motivo, debemos dar con el recurso más evidente, cual es la ficcionalización por vía de la creación de mundos posible o simbolización, ya que esta realidad no es propia sólo de la narrativa sino de los géneros en general, dado que, además, se configura como un recurso natural y ontológico a la vez que literario. Para ello destacamos la representación que hace al respecto García Berrio (1994):

"Somos sujetos abiertos a la aprehensión e interpretación del mundo en el que existimos. Los pilares que sostienen ese mundo en el que somos son el espacio y el tiempo. Por ello, *topos* y *cronos* constituyen las coordenadas antropológicas esenciales del ser, así como de la universalidad poética" (621). De tal modo que si seguimos esta vía el tiempo y el espacio son los elementos mínimos que conformarían nuestra naturaleza y por lo tanto se reflejaría también en otras dialécticas, si se quiere, tales como el adentro y el afuera del yo y del nosotros en relación al sujeto y objeto y, por cierto, a la otredad. Mundos que se reflejan o especulan en las producciones artístico-literarias de la época a través de esta creación de mundos entre estos elementos dicotómicos, dialécticos, etc. Entonces aquí la temporalidad se hace carne en lo épico o enunciativo, pero de modo realista y no-realista a la vez, pues si se queda en lo realista pasa a engrosar lo referente y testimonial de aquella época, sin embargo si se interioriza como la poesía, se refrenda, más bien, desde la creación de un mundo emotivo trascendental y que se verifica, en esta poética, con la recepción de lo lírico, pero con la dialéctica de lo trascendental a través de la razón, puesto que lo que no se completa en la reflexión del lenguaje como acto de la ficción se completa con el sentimiento, la emoción y, por cierto, la razón que está en constante búsqueda del sentido mayor: la poesía, finalmente: un mundo alternativo, ya que como destaca Insúa (2005) "la obra artística nos sitúa ante un escenario en el que la búsqueda de unidad se hace contemplable a través de la plasmación de un *mundo posible* alternativo, que sugiere algún tipo de relación con el mundo real" (40) y por lo tanto la ficcionalización sería este acto de relación entre el mundo real con el mundo posible y especialmente, cuando éste último corresponde con una organización, más bien de la realidad, tal como lo sellara Iser (1989) "Si la ficción no es realidad, no es tanto por carecer de los predicados necesarios de realidad, sino por ser capaz de *organizar* la realidad de manera que pueda ser comunicada. Por ello la ficción no puede ser realidad, puesto que organiza" (162). En consecuencia esta etapa está en lugar de la Unidad tan preciada, pero tan perdida. En definitiva, aquello tan perdido se representa como fragmentado, pero ordenado, ficcionado, manipulado y, por lo tanto, la re-presentación opuesta es la presentación de la realidad que sí es fractal. Por lo tanto, las obras y, especialmente la de Martínez, recoge esta realidad y usa casi del mismo modo que la 'realidad real' y por ello, la emoción, la trascendencia y la razón están en pos de la recuperación y la búsqueda constante de la Unidad. Así mismo ocurriría en todos los escritores y poetas de esta época, puesto que la realidad es superior a la ficción, aún cuando esta última levante un nuevo estatus óntico, simbólicamente constituido, de modo que, el sujeto creador intenciona o manipula y el receptor lo busca, en primera instancia, en el referente o a través de la expansión o extensión del significante.

Ahora bien, esta manipulación de carácter positivo es entendida como la configuración del significante, especialmente cuando lo constitutivo de este lenguaje y sensibilidad sería su extremo travestismo verbal, el cual llega a una especie de "apoteosis" de la *artificialización* (Llanos, párr. 7). Y por cierto, que "esta consecuencia negativa del discurso manipulativo ocurre normalmente cuando los receptores no son capaces de comprender las reales intenciones o ver las reales consecuencias de las creencias o acciones defendidas por el manipulador" (van Dijk 51). De tal manera que la lectura realizada para esta exploración intentará dar luces sobre el manejo o maniobra del significante, del artificio de un nuevo metarrelato de *resistencia*, dado que la lírica también desarrolla mundos posibles; lo que nos llevaría a pensar en que "la manipulación es un fenómeno social, [...] un fenómeno discursivo-semiótico porque la manipulación se ejerce mediante la palabra oral o escrita y los mensajes visuales"(52) en tanto actividad cultural oposicional, ya que al decir de Richard: "esta actividad desafía el carácter ideológico de los procesos de significación y los modos en que éstos constituyen la subjetividad" (38) y por lo tanto esto constituye, de por sí, una sospecha, ya que si estimamos que la manipulación en sí misma tiene una carga negativa, aquí es para resistir un discurso hegemónico que cruza toda la vida nacional, incluyendo el arte. De tal manera que "uno de estos recursos es el acceso preferencial a los medios de comunicación y al discurso público, compartido por miembros de las élites "simbólicas" tales como los políticos, periodistas, científicos, escritores, profesores, etc." (van Dijk 53) Y aquí, tanto Juan Luis Martínez, Zurita y Maquierira superan este propósito desde el metarrelato que implica una estética que sigue la tradición, y no así, por otra parte, autores como Vicuña, Bertoni,

POLIEXPRESION o ~~la des-integración de las formas~~

la Tribu NO, el CADA y luego Eltit, individualmente, que ejercen esta maniobra "a través de la persuasión, proveyendo información, educación, instrucción y otras prácticas sociales que tienen como objetivo influir en el conocimiento, (indirectamente) en las acciones de los receptores y sus creencias"(53) para provocar un metarrelato, que a la fecha se dio por roto o extinto: la tradición literaria, por un lado; y la izquierda por otro. Esto suscita entonces una nueva forma de decir lo-no dicho, la simulación, parodia o pastiche; a veces, de la realidad o la creación de un nuevo constructo que supone una nueva realidad y que generalmente se ve afectada desde distintas áreas del conocimiento y de la experiencia. En consecuencia genera nuevas voces, pero que están usando viejos recursos también para resignificar este período histórico personal y social.

De tal forma que la ficcionalización de las nuevas realidades que enfrenta y vive el autor de la época lo hace teniendo en cuanta también otro elemento, de plena conciencia del oficio como los modernistas, pero en supremacía, pues conoce además, culturalmente como se adelantó, las diferentes subculturas y por lo tanto es capaz reconocer un elemento extraordinario antes nunca estudiado, es decir, como "potencia cognitiva que ofrece la ficcionalización en todos los ámbitos" (Spang 2009 122), es decir, como en la fenomenología de la recepción no está centrada sólo en la obra como leída ficcionalmente, sino como un encuentro en el dominio del mundo de ambos y por lo tanto allí había un *in put* sobre los conocimientos que también tenía el lector y en consecuencia como éste podría complementar o suplementar el texto. Para ello su conocimiento representaba un saber que podía compartir con el texto y por lo tanto llenar aquellos vacíos que aparecieren. Pues bien, este nuevo elemento deviene de la 'chomkysación' que hizo en un momento de la historia del s. XX con las llamadas competencias y actuaciones lingüísticas. De aquí que se genera otra área de estudio, cual es la competencia literaria y que, cada uno de estos autores está pensando, pues sus obras no pueden ser leídas por cualquiera, o sea, teóricamente estamos hablando del lector ideal. Pues bien, ahora este lector ha de ser de carne y hueso y comprometido con la lectura de la obra de arte, por lo tanto lo hace con un sistema poético más complejo, semiotizado si se quiere. Pero que es natural a esta generación, si es que se puede hablar de ello, ya que la ficcionalización es de suyo propio de una complicidad a toda prueba. Por ello es que consciente o inconscientemente estos creadores están asociando su propia competencia literaria con la del lector dado que "a menudo ni el artista puede explicar su propio proceder" (126) y por lo tanto el receptor no sólo es el destinatario de la obra, sino que "aporta capacidades interpretativas que personalizan la recepción de la obra" (115)

    Para comprender el elemento o componente de composición ficcional en cuestión desarrollo una aproximación al concepto poliexpresivo, y por cierto, a la multimodalidad; lo que en realidad es una poliexpresión de géneros o modos, ya que "la posibilidad de inventar mundos y circunstancias potenciales sin la obligación de obedecer a la estricta causalidad espacial y temporal permite alejarse de lo rígidamente individual y concreto para alcanzar grados más elevados de universalidad y representatividad" (123) y por consiguiente la monomodalidad no es suficiente, puesto que existen otras monomodalidades que se pueden incorporar para expresar definitivamente el arte y esto es la diversificación conocida y aplicada en la vanguardia[44] y lo que hoy llamamos poli, en términos clásicos, dado que lo multimodal deviene, más bien, en la massmediación como ya se ha manifestado. Y por cierto la recepción no es sólo leer la obra, sino que leer el mundo también lo es y por ello entonces revisamos también otro componente sociocultural tan relevante: la Competencia Literaria[45]

    Pero para introducir el término "Competencia Literaria" en este apartado, es necesario revisar, someramente, algunas ideas relacionadas con la lengua y su uso, específicamente en la literatura. Pero la pregunta del millón antes de iniciar es seguramente ¿para qué y por qué esta digresión? Es muy simple, pues esta realidad es una realidad que antes nunca se tomó en cuenta, en cambio ahora en la neovanguardia sí, pues es un elemento clave a la hora de acercarse a una obra u objeto estético, de modo tal que cuando se experiencia, este deja de serlo y se transforma en una obra de arte y esta es la trascendencia que se busca, especialmente Martínez, una obra de arte como producción y una obra de arte como recepción, ya que el hecho estético es, finalmente, un constructo compartido. Y por otra parte algunos lo han asociado a la ficcionalidad

POLIEXPRESION o la des-integración de las formas

pura y fantástica, como por ejemplo la de *Alicia*..., ya que según ellos ahí estaría la base de su creación y complicidad literaria, sin embargo creemos que es anterior, es decir, que es bajo el influjo de la parodia, la ironía, lo lúdico, la denuncia que se acerca más a *Gulliver*..., utilizando de la misma manera que Swift en 1726, la realidad, la información, la ciencia, la ironía, e incluso la estructura de la obra, etc.[46] Aquí se observa una estructura sumaria que es lo mismo que hace Martínez, e incluso, las solapas como si fuera un libro abierto en posición de 'casa' que alberga la oveja pequeña rescatada de aquella aventura. También se observa algo similar a lo que hizo Swift en *La batalla entre los libros antiguos y modernos* (1697), una parodia burlesca y sarcástica de las discusiones literarias del momento, que trataban de valorar si eran mejores las obras de la antigüedad o las modernas, algo que Martínez incorpora como architexto, por ejemplo; o en *Historia de una bañera* (1704). Por cierto que guardando las proporciones, se ve también como Martínez visualiza la cuestión sociopolítica ironizando, denunciando de modo ingenioso e indirecto, como también la heteronomía de Swift en *Cartas a Stella* (1710) supuesta por algunos en él, aunque es más apreciable en Zurita y Maquieira como internalizada en el sujeto lírico (lo que en él es refrendada por la tradición personal y literaria con *Jxuan de Dios* en los otros es con el yo femenino). Finalmente A pesar de que originalmente era una sátira alegórica contra la vanidad y la hipocresía de las cortes, los hombres de estado y los partidos políticos de su tiempo, el autor, durante los seis años que demoró en crearla, incorpora reflexiones acerca de la naturaleza humana, que por cierto no están tan lejos de la realidad martiniana (insisto guardando las proporciones). Recuérdese que estos viajes de Gulliver fueron publicados primero como anónimos, tal vez he aquí la inquietud de Martínez de perder la autoría propia para otorgársela a los campos de composición de la obra y al lector. También piénsese en que La nueva novela se inicia el '65 y se termina el '77 con la publicación familiar, pero antes se pensó terminada el '71, lo que se emparenta con Swift, pues aquí también Martínez incorpora más elementos y corrige otros. De tal modo que, querámoslo o no, hay un parecido con ello y no con Carroll, es decir, la construcción de *La nueva novela* es la base gulleveriana, pero tomando las distancias necesarias, ya que la época es otra, pero no tan diferente en su esencia, pues la humanidad sigue –*humana* como antes, sólo que ahora se verifica en los medios, lecturas, tecnologías, comportamientos, pensamientos y relaciones socioculturales y políticas de una supuesta nueva época; entonces los elementos basales de Swift le servirían a Martínez para componer su obra, obviamente que las lecturas son suyas y no de Swift, la época es la suya, los trastornos e inequidades y las argucias de la ironía son suyas y estas son las que resaltan en la creación, más bien, en la composición de la obra. Y por lo tanto todos los recursos modales son para llamar la atención de su historia más cercana y concreta, desde que los caballos eran +*humanos* que los propios humanos. De tal manera que aquí se asemeja a ello, pero mediante, no sólo de la creatividad, del ingenio, de la ficcionalización sino que a través de la confrontación decidida de la Competencia Literaria del propio autor y del lector de la época, ya que se saben conscientes del oficio, como hijos que son de la modernidad, incluso la neo, la pos o la hipermodernidad. En consecuencia esta nueva especificidad, no es nueva en sí misma sino que es nueva para sí misma como una manifestación concreta de la Competencia Literaria y que permite poner en funcionamiento los elementos o factores anteriores, es decir, la expansión y reflexividad, la textualización metafórica y la ficcionalización y/o manipulación, junto con la relación sociocultural del autor como la del lector como señalando con ello el propio epitafio de Swift: "Ve, viajero, e intenta imitar a un hombre que fue un irreductible defensor de la libertad".

4. Competencia literaria y poliexpresión.

4.1. Consideraciones Generales

Mendoza Fillola (2003) señala que, en el contexto de la actualización de la lengua por medio de la realización de actos comunicativos, la literatura cobra sentido sólo por medio de "actos personales de la lectura del texto" (53), en donde se impulsan los conocimientos propios de la competencia literaria. La adquisición de saberes propios de la literatura sólo se desarrolla a través del uso sistemático de la lengua. Específicamente, el concepto "uso", en el desarrollo de la competencia literaria, corresponde con la actividad lectora, ya que ésta es la única forma de actualización de la obra literaria y de acceso a los textos literarios (*Id.54*).

Para comprender un texto u obra literaria, no es suficiente aplicar conocimientos gramaticales y relaciones primarias del sistema de lengua en la lectura (*Ibid*). En detalle, por el uso de la lengua en la lectura, se pueden desarrollar diversos conocimientos (de corte lingüístico, cultural, enciclopédico), al igual que experiencias, habilidades; estrategias de observación y comprensión, los cuales implicados en la percepción del ser humano, generan un proceso de interacción entre el texto de la obra literaria y las aportaciones del texto al lector, porque los textos tienen "la habilidad, en palabras de W. Iser, de activar capacidades lingüístico-comprensivas" (*Ibid*)

De esta manera, la Competencia Literaria, debe ser considerada muy cerca de lectura en las obras literarias, ya que el uso de la lengua, mediante la lectura, cobra interés en la formación de la competencia literaria, puesto que leer quiere decir "comprender, interpretar y valorar el mensaje en sí mismo" (*Ibid*). Cabe señalar que la recepción, la experiencia literaria y la competencia literaria van unidas y, como señala Mendoza Fillola, mantienen "relaciones de interdependencia y complementación" (54), porque los diversos tipos de conocimientos asociados con las experiencias receptoras de los lectores temporizan para la construcción de significado(s) del texto/obra literaria.

La lectura es la acción base para la construcción de la competencia literaria. Por antonomasia se basa en la percepción, el cual es un proceso interno de interacción cognoscitiva y epistemológica (Alderson y Short 1984), y que favorece al individuo para interpretar y valorar una obra literaria. Así, el propósito de la Competencia Literaria es saber formar lectores que, autónomamente, gocen de los textos literarios para llegar a establecer valoraciones e interpretaciones (*cf.* Mendoza 2003).

En consecuencia, definir, formar y desarrollar la Competencia Literaria son acciones que se centran en la innovación y tratamiento didáctico de la formación literaria. Mendoza Fillola (2003) indica que el objeto de la Competencia Literaria es "formar y capacitar al lector para la recepción comprensiva y valorativa de creaciones artísticas de signo lingüístico, reconocidas en el contexto semiótico de la cultura y la estética" (54). De la mano de la actividad lectora (que sintetiza muchas habilidades lingüísticas), se considera que esta competencia, al estar inserta en el contexto del uso de la lengua, establece relaciones de paralelismo, dependencia, de intersección e incluso de desviación/disyunción (Mendoza 1996 221) con la competencia lingüística. De esta relación Competencia Literaria – Competencia Lingüística, se desglosarán algunas atenciones teóricas.

Noam Chomsky (1957) en su libro, *Estructuras Sintácticas* utilizó el término de "Competencia Lingüística", como un conjunto de reglas implícitas que rigen de manera algorítmica y mental las condiciones de emisión de los enunciados gramaticalmente correctos. Aguilar (2004) afirma que, para Chomsky, la competencia lingüística se sitúa más allá del conocimiento científico de una lengua, sino que se sitúa en los mecanismos necesarios, que están internalizdos en una persona que posee una lengua, que le dan la capacidad de hablar y comunicarse. Estos mecanismos dan luz sobre una competencia literaria interiorizada la que, en palabras de Aguilar y haciendo uso de una visión dinámica de la lengua propuesta por Chomsky, se manifiesta al momento de realizar un acto lingüístico, cosa que Chomsky llama "actuación lingüística".

Dell Hymes (citado por Mendoza Fillola 1996), sostiene que el locutor, para comunicarse de manera óptima, no sólo debe poseer un sistema de reglas (sintácticas, fonológicas y semánticas según el modelo chomskiano), sino que también un sistema de reglas que "establezca de modo pertinente la relación de aquellas reglas con el contexto de situación en que el locutor realiza sus actos de habla" (1996 221). Con lo señalado, se dirá que en lo lingüístico-comunicativo se requiere de reglas que permitan transmitir cláusulas gramaticalmente bien formadas, pero, por obligación, además se debe sumar la dimensión pragmática. No es posible atribuir a la semántica una condición de autonomía formal en relación a

POLIEXPRESION o ~~la des-integración de las formas~~

antecedentes extralingüísticos, porque la aceptabilidad de una frase o texto depende, en gran parte, de factores pragmáticos (Aguiar e Silva 1980 68)

Aguiar e Silva (citado en Mendoza Fillola, 1996) considera una intrínseca relación entre ambas competencias (lingüística / literaria) ya que ambas permiten la comprensión global del texto y por lo tanto este sería el saber que permitiría la producción y comprensión de los textos. Al respecto, Fish (1989) que la Competencia Literaria es "el resultado de la interiorización de las propiedades del discurso literario" (124), asimilado a la experiencia como lector, porque según Ohmann (1987) "una obra literaria apela a toda la competencia del lector a cuanto descifrador de los actos de habla" (29). En ese sentido los factores de aprendizaje, como medio de instrucción y sistematización de las abstracciones culturales, tienen una alta incidencia en la formación de la Competencia Literaria, "mayor que la aceptación instintiva de la creatividad lingüística y estética" (Mendoza 1996 222). En cuanto a las obras literarias, éstas otorgan relaciones de uso oral / uso escrito, uso literario de la lengua y de la funcionalidad respectiva para desarrollar actividades de aprendizajes que requieren la activación especial de los convencionalismos literarios (o del código escrito) que ya domina el lector.

Culler (1978) define en ese contexto a la Competencia Literaria como "el conjunto de convenciones que rigen la interpretación de los textos literarios" (cit. por Mendoza 1996 221). Sin embargo, se plantea la cuestión de cómo determinar la norma de lectura si la capacidad de adaptación puede atribuir significados a diversas construcciones culturales.

La Competencia Literaria se desarrolla, como se indicó, paralelamente a la formación de la adquisición de las competencias lingüística y comunicativa (*Id.* 223), como también de la competencia lectora. A la vez depende de ellas, en cuanto al uso de la lengua. De tal suerte que ha sido definida como una "adquisición sociocultural, ante la evidencia de que los mecanismos poéticos surgen de un concreto modo de expresión reconocido por convenciones culturales" (Mendoza 2003 55). Sobre esta idea, Riffaterre (1983), veinte años antes, señalaba:

Competente en el dominio de la lengua, el lector lo es por definición (es preciso suponerlo) en el dominio literario. Así los recursos del autor de una sintaxis de tipo particular, de neologismos, de formulaciones percibidas como retóricas (tropos, figuras, etc.) no impide el desciframiento que se pretende de una lectura llamada heurística: las desviaciones (agramaticalidades) en relación a la norma (gramaticalidad) acaban por ser reducidas (el lector racionaliza cada vez que imputa a la intencionalidad de un autor o a un modo de época los rasgos que acentúan el carácter hermético del discurso literario) [...] El texto exige una lectura alejada de las racionalizaciones prefijadas. Aparece entonces como un monumento único, y la única lectura recomendable consiste en "hacer la experiencia de lo único". La lectura retroactiva o hermenéutica atribuye las desviaciones o agramaticalidades constatadas a la productividad de una estructura paragramática situaciones en un nivel superior del discurso. Mientras en su nivel elemental, el discurso parecer remitir al lector al mundo real, por una mímesis generalizada, la semiosis opera un giro de lo referencial a lo intertextual: el texto leído oculta otro. Así se verifica la regla según la cual la literatura, diciéndonos una cosa nos dice otra" (130)

Tabernero y Dueñas (2003), en su publicación *La adquisición de la Competencia Literaria: Una propuesta para las aulas de Infantil y Primaria*, citan a Bierwisch (1965), y afirman que el concepto de competencia literaria es una capacidad que posee el ser humano, la que le posibilita la producción y recepción de estructuras poéticas, las que deben ser aprendidas socialmente. Bierwisch (1965), en palabras de Mendoza y Pascual (2008), sostiene que la competencia literaria tiene las siguientes justificaciones: 1) La competencia literaria se apoya en estructuras lingüísticas básicas, y en particular, en fenómenos lingüísticos extralingüísticos. 2) Se manifiesta a partir de la localización de un "algoritmo diferenciador", que funcione como gramática, el cual deriva de la observación sistemática de corpus específicos; y 3) la competencia permite la distinción de rasgos sintácticos, semánticos o fonéticos marcados por su regularidad, frente a un conjunto de rasgos dispersos.

Según Thaler, Engelbert. (2012), Competencia literaria es un conjunto de habilidades, conocimientos y actitudes que una persona debe poseer al momento de enfrentarse a un texto literario Por otro lado Culler (1975) dice que la competencia literaria equivaldría a un sistema de convenciones que rige la interpretación de los textos literarios, argumentando, en palabras de Lazar, (1993 12) que los lectores efectivos de un texto literario poseen una competencia literaria implícita, por lo que para ellos es familiar apoderarse de las palabras de obras literarias[47].

Conforme a lo anterior, Cassany *et al.* (1998) propone un perfil de características que debe cumplir un estudiante que posee competencia literaria: Un lector que posee competencias literarias: a) Tiene suficientes datos sobre el hecho literario. b) Conoce autores, obras épocas, estilos, etc. c) Sabe identificar e interpretar técnicas y recursos estilísticos. d) Conoce los referentes culturales y la tradición. e) Tiene criterios para seleccionar un libro según sus intereses y sus gustos. f) Incorpora la literatura a su vida cotidiana. g) Disfruta con la literatura.

Por otro lado Manríquez (2009) sostiene "que con la Competencia Literaria se busca fomentar una Competencia Interpretativa enfocada hacia la capacidad de los lectores para producir significado; tanto personal, como social, cultural y lingüístico" (2009 28), basándose en lo dicho por Carter y Long (1991 6) respecto a que el acto de leer es una acción individual y creativa. Además, Manríquez (2009) afirma que la competencia literaria está conectada de forma intrínseca con otras competencias (gramatical, ortográfica, sociolingüística y existencial) cosa que impide formular una concepción cerrada del término.

Manríquez (2009), citando a Mendoza Fillola (2003), revela entonces la existencia de una interrelación entre competencia literaria y competencia lectora (que es un componente de la competencia literaria) afirmando que esta relación es la llave para la relación texto, lector y para lograr el goce estético.

De tal suerte que aquí es donde definitivamente se engarza la Competencia Literaria con la obra martiniana y a la vez con la neovanguardia chilena, dado que no sólo es necesario leer una obra determinada sino que lo es también para crearla y en este sentido tanto el autor como el lector se encuentran o debieran hacerlo para alcanzar el goce finalmente. No podría ocurrir si no hay una experiencia de este tipo de lectura y para ello no sólo basta con el texto sino que también el contexto, tanto escritural como de recepción y sólo así se podría aproximar, luego, comprensión e interpretación de ella, de la obra estética-literaria. Por lo tanto, a modo de aproximación didáctico-literario sugerimos que la competencia literaria, definitivamente es una capacidad humana: expresión, discurso (tal como lo es la del lenguaje), pero al mismo tiempo es comunicación (un saber y una actuación) en donde se pone en juego el lenguaje propiamente tal, la gramática y la semántica y por lo tanto se convierte en una competencia básica, una competencia comunicativa básica que le permitirá iniciar la comprensión del fenómeno estético-lieterario hasta llegar a la interpretación del mismo, vivificando, no sólo el texto sino también el inter, intra y extra-texto tan común en el proceso de creación y de lectura. Y es en este sentido que el acto de leer deviene en una relación activa, íntima, intransferible [...]; en definitiva, una conversación privilegiada a larga distancia que ayuda a construir la propia realidad (Carbonell 2006 3) —No debe olvidarse que fue Jonathan Culler (1975) quien introdujo la expresión competencia literaria en el campo de la Teoría Literaria. Para él, la Competencia Literaria se semejaría a un sistema de convenciones reguladoras en la interpretación de los textos literarios. La competencia no sólo abarca un nivel cognoscitivo de información pura, sino que se constituyen de una dimensión práctica y una actitudinal. Por lo tanto esto nos permite reconocer en el acto de leer, un acto individual y creativo, dirigido hacia la capacidad de los lectores para producir significado, tal como una competencia interpretativa, capacidad que también todos poseemos, incluso como una dimensión axiológica (López y Encabo 2000) ya que sería "producto de la interiorización tanto de la dimensión estructural (técnicas especializadas - figuras de dicción, retórica, etc.-) como de la dimensión contenido (en la que se incluirán la interpretación e identificación de valores en los textos), asimilados gracias a la experiencia como lector y escritor" (5)

POLIEXPRESION o ~~la des-integración de las formas~~

Según Mendoza Fillola, (2003) el lector-receptor intercede con la aportación de datos y saberes extrínsecos (biografía, historia de la literatura, sociología de la literatura, pragmática, etc.), que articula según su capacidad para generar una lógica interpretativa que permite aceptar los convencionalismos del entorno textual sobre el que se apoyan los textos (el contexto socio-histórico, cultural y literario). Y por lo tanto el lector articularía las referencias dentro de un modelo semiótico-textual, y de una perspectiva interpretativa.

Se advierte entonces que la complejidad posible dependería del sujeto lector que se tenga en frente, dado que la Competencia Lectora (componente de la Competencia Literaria) es la cuña para la interacción entre el texto y el lector. También para el goce estético de aquel lector que posee su propio intertexto, que se vincula con la Competencia Literaria a través de múltiples actividades implicadas en el proceso de lectura.

De esta manera la Competencia Literaria no sólo se relaciona con los elementos ya revisados, sino que además con los modos de expresión, léase géneros, y éstos son una complejidad poliexpresiva o multimodal.

4.2. Competencia literaria como poliexpresión

En consecuencia esta excursión tiene por objeto revisar algunos elementos expresivos de la producción literaria, utilizando, incluso, otros recursos como retóricos para lograr su significación final. Por lo tanto, exponer aspectos, factores y niveles de producción del lenguaje de una obra artístico-literaria para alcanzar con ello la competencia literaria desde la comprensión del fenómeno de la creación o generación del lenguaje poético, más bien, de la expresión o poliexpresión poética, que algunos llaman ahora multimodal y que en realidad son sólo unidades lingüísticas y unidades semánticas o sémicas en constante dinámica expresiva como ya se ha estudiado.

De hecho, en primer término, según Culler (1978) en la lectura literaria opera un proceso de decodificación y comprensión que asigna valores especiales a las unidades lingüísticas. Para ello considera 4 aspectos:

1. El condicionante socio-cultural que permite el reconocimiento de la marca +*literario*
2. La propia *experiencia* de mundo
3. *El aprendizaje* de los códigos literarios y las relaciones de intertextualidad y
4. La particular competencia literaria

Pero para esto deberíamos, en segundo lugar, identificar entonces la competencia literaria o, por lo menos, como funciona, con los propios aspectos 1,2, y 3 que están resueltos desde la recepción o experiencia cultural del arte literario y que conforman y/o complementan la unidad semántica o sémica, pero que deben tomar un espacio más elevado y específico, como niveles por ejemplo, que recojan estos rasgos y los desarrollen como habilidades y destrezas necesarias para la comprensión e interpretación; entonces tendríamos para el aspecto de Competencia Literaria que identificar los siguientes niveles, siguiendo a Mendoza y Pascual (1988):

a. Nivel intuitivo (conocimiento previo e/o intuitivo, que estaría dado con los aspectos 1,2 y 3 antes señalados)
b. Nivel lingüístico (competencia lingüística y comunicativa)
c. Nivel literario (como adquisición sociocultural – aprendizaje-)

Nivel intuitivo

En este nivel, los conocimientos previos están más ligados a "lo natural" o competencia intuitiva conocimiento vulgar son la base de su interrelación, en consecuencia la producción y recepción del

POLIEXPRESION o ~~la des-integración de las formas~~

lenguaje es limitada a su propia experiencia cultural y/o vivencia estética.

Por lo tanto la competencia literaria "se apoya en estructuras básicas y, además, en particulares fenómenos extralingüísticos" (Bierwisch, 1965)

Nivel lingüístico

- En este nivel el sujeto está determinado por su propia producción del lenguaje, es decir, que pone en juego su competencia y actuación lingüística, junto con su competencia comunicativa. En tal caso se debe tener en cuenta tres factores[48], que son los que se distinguen en otros mayores, tales como: estructuras gramaticales y retóricas en el plano sintáctico concretizados en los factores 1 y 3. Pero fundamentalmente desde la generación genuina e intuitiva[49] del lenguaje, es decir, desde la fonologización como una gramática poética casi.

1. Factor <u>opositivo</u> (oposición de un signo o *significante* a otro, ya sea para producir un sonido o un significado),

Ejemplo: (Mistral, *Canción de los que buscan olvidar*)

$$[/r/]$$

Múdala, ma + $[/l/]$ en los cien días

$$[/s/]$$

$$[/r/]$$

Múdala, ma + $[/l/]$ con tus cien vientos.

$$[/s/]$$

Pero en Martínez la complejidad es mayor, pues no es sólo el significante como un elemento del mismo como lo mostramos arriba con los versos de la Mistral, sino que es un significante 'desgastado' y transparente que se reifica, como por ejemplo, en *OBSERVACIONES SOBRE EL LENGUAJE DE LOS PÁJAROS*, en su parte final, como concluyendo: *"Cantando al revés los pájaros desencantan el canto hasta caer en el silencio: -lenguaje —lenguajeando el lenguaje-, lenguajeando el silencio en el desmigajamiento de un canto ya sin canto.*

Aquí la oposición del signo o significante, en términos poéticos, a otro es a partir del mismo significante reificado o rescatado: 'cantando', 'pájaros', 'desencantan' y por otra parte: 'lenguaje', 'lenguajeando', 'desmigajamiento'. Estos signos lingüísticos son existentes a través del uso, del uso opaco y popular del significante, pues, los "pájaros", que reemplaza a 'aves', no cantan, sino que trinan (esto es más poético: las aves trinan; más popular: los pájaros cantan); "los pájaros", ya no como signo, sino como significante, está en lugar de "los hombres astutos y sagaces" o bien: los jóvenes, los poetas, los inexpertos, los perdidos, los locos, etc" ; lo mismo ocurre con "desencantan" y con "lenguajeando" y "desmigajamiento" que sugieren el uso del significante como representación de: en el primero, de des-hacer el canto o bien provocar desilusión, decepción, desengaño, desesperanza, etc. En el caso del segundo; es utilizado o reutilizado como un significante neologismo que está en lugar de: hablar mal, cantinflear, sin sentido, esquizofasia y el tercero, como: desintegrar, disgregar, desmoronar, destruir, etc. Todo ello en oposición a un signo lingüístico formal o estándar (transparente). Por lo tanto produce un nuevo significado.

2.   **Factor <u>relativo</u>** (es relativo a la semántica y/o significado, idea o concepto; por lo tanto **al sujeto**). **Ejemplo:**

Cantando al revés los pájaros desencantan el canto hasta caer en el silencio: -lenguaje – lenguajeando el lenguaje -, lenguajeando el silencio en el desmigajamiento de un canto ya sin canto.

POLIEXPRESION o ~~la des-integración de las formas~~

Evidentemente el pasaje poético reemplaza el significado de 'la tristeza' por 'el de desesperanza' de quedarse sin canto, ya que la tristeza asimilaría el dolor de la pérdida, pero la desesperanza es asumir la resignación y el dolor, a la vez, por la pérdida, pero no una pérdida natural, sino una provocada por una espera lógica del derrumbe o 'desmigajamiento'.

3. **Factor de la negación** (es cuando un signo o significante se opone al otro y, según la carga relativa del sujeto, se niega uno o varios de ellos para construir la expresión o expresiones necesarias).

Ejemplo:

Cantando al revés los pájaros desencantan el canto hasta caer en el silencio: - lenguaje – lenguajeando el lenguaje -, lenguajeando el silencio en el desmigajamiento de un canto ya sin canto. (LNN)

Lo común (en la época), no lo obligado, habría sido algo así: 'trinando al revés las aves desalientan la cantilena hasta caer en el silencio: lenguaje que es vacuo - sin sentido el lenguaje – perturbando el silencio en el desplome del canto del cisne'

Aquí puede funcionar la sinonimia, antonimia o simplemente el vocablo que tenga sonido más bajo (como diría el poeta, más oscuro) o simplemente cambiar una palabra por un símbolo o un significante más concreto por imagen, fotografía, cosas, etc. O definitivamente incorporar distintos modos textuales u expresivos.

Nivel literario

Este nivel, según Mendoza y Pascual (1988) estaría "basado en:

- el conjunto de datos de enciclopedia que el individuo aprende y

- entra de lleno con los currículos escolares.

De tal suerte que estos factores, según los autores, se incrementarían con la intertextualidad[50], en tanto el texto adquiere una nueva dimensión que lo relacione con otros grupos de producciones literarias para adquirir con ellos nuevos matices de significación, así como la asignación específica de pertenencia a un tipo de mensajes (33)

Ahora bien, si comenzamos a "aterrizar" el planteamiento presentado aquí, diremos que es posible visualizar los niveles expuestos para poder enfrentar una obra que no es de fácil abordaje. Por ejemplo, *La nueva novela* de Juan Luis Martínez, en algunos poemas tales como:

La nueva novela: el poeta como superman,

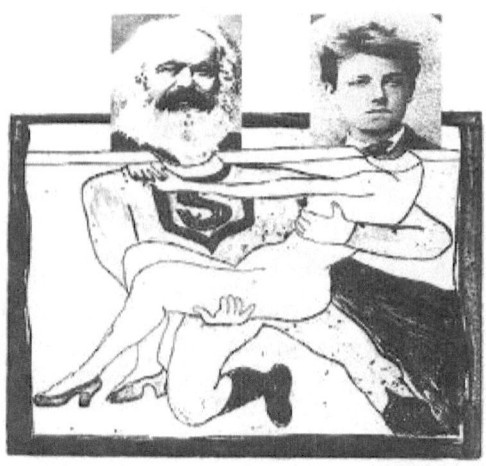

POLIEXPRESION o ~~la des-integración de las formas~~

La siesta de un Fauno,

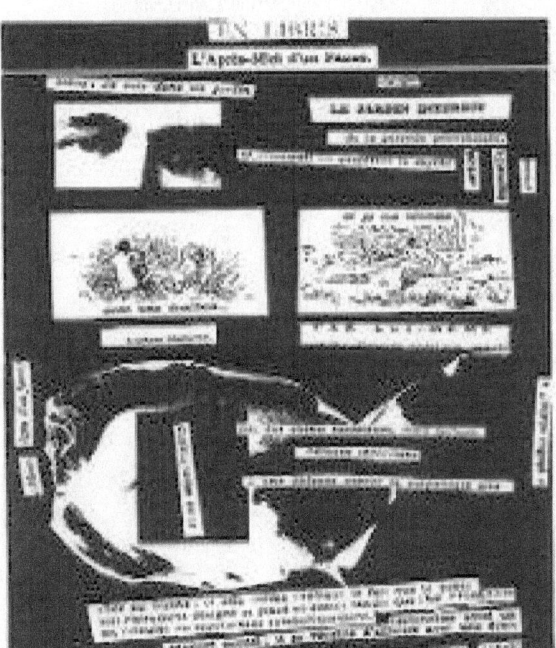

Pequeña cosmogonía práctica...

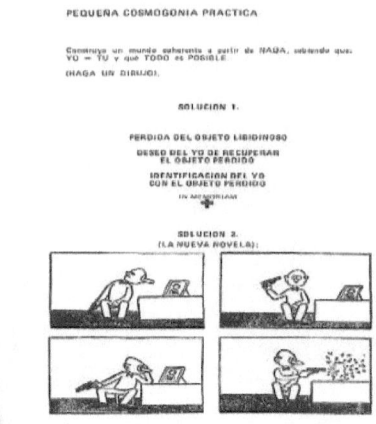

y, especialmente en

El revés de la página como poema, entre muchos otros.

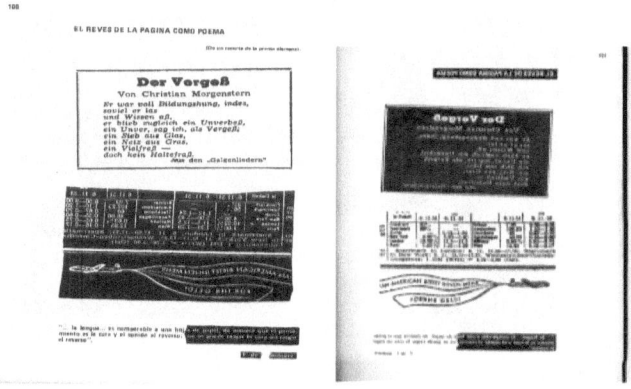

Se evidencia aquí que el lenguaje, como conjunto de signos articulado que está en representación de otra cosa se disloca y el signo, propiamente tal es manipulado para producir uno nuevo, especialmente poniendo en tensión los factores de **relativo** y de **negatividad**, sin embargo, lo que hay que notar es que, el signo saussoriano es indivisible, pues es como una hoja, el reverso y el anverso de una hoja. "No se puede rasgar la cara sin rasgar el reverso"-dice. No obstante, aquí Martínez, conociendo aquella concepción incurre en la materialidad, secciona la expresión significante convirtiéndola en una poliexpresión que está en representación, es decir, como significante, pero al ser recortado y rasgado (haciendo uso del factor **opositivo**) se reifica nuevamente (factor relativo), de manera novedosa, dando a los elementos que configuran la composición final (factor de negatividad) una significación mayor. Pero en este caso, también constituye una sugestión poética que se complementa con la manipulación del significante ingenioso, más bien es viable pensar en que si se integra la materialidad con la espiritualidad[51] tenga un signo, o sea, que si se une el primer fragmento con el segundo tendremos un signo mayor, que aparentemente re-presenta una realidad-toda, pero que en contraste (enfrentada al negativo) es una realidad-otra. Por lo tanto cuando reconocemos un significante como parte multimodal estamos en presencia sólo de una existencia o especialización técnica, por lo tanto "desmarcados" como dirían Kress y van Leeuwen (2001).

En el caso de Martínez, éste decide la manipulación porque cuando termina el lector de leer y asociar este nuevo significante se da cuenta que ha trascendido el significante más allá de la mera existencia a través de lo que otros han llamado "lo no-dicho", es decir, produce una suerte de "enmarcamiento". Tal como el poema de Morgenstern, aunque la soledad que se refleja aquí es inmóvil, estática como una simple existencia, no obstante toda la cultura y educación no habría bastado para producir una existencia vacua y, esta es la intertextualidad aludida antes, sino que pese a todo, siempre hay una trascendencia. Lo mismo que el signo saussureano, es imposible quedarse sólo con la abstracción y por lo tanto decide fraccionarlo y unirlo de nuevo, pero de otra forma que, en primera instancia le hace perder su valor, en consecuencia que, en una segunda, le atribuye uno nuevo, como el hipérbaton o la hipérbole en el significante y como la imagen, la metáfora en el significado. Por lo tanto en una producción o creación agrega nuevos recursos retóricos, no sólo el lingüístico y en el ámbito de la recepción, una comprensión holística, global que no desecha información, sino todo lo contrario, de esta forma entregarnos su visión de mundo a través de una apropiación estética (F. Vodicka – O. Belic. (1971)[52] de éste. De tal manera que, siguiendo esta misma línea, diremos que la dominante en la estructura de la obra literaria (59)[53] es, efectivamente, global, es decir, aquí Martínez hace uso intencionado, manipulando cada plano para construir su obra, por lo tanto renueva el uso de los tres planos de composición: el lingüístico, el temático y el de composición al mismo tiempo, o sea, que los planos están al mismo nivel jerárquico y no uno dominante como las funciones del lenguaje, en este caso la poética, sino que, en este nivel de dominio del lenguaje se producen los tres planos.

Luego, podemos afirmar que lo que está haciendo el autor con esta obra es regulando su vida en sociedad, pero a través de la gran apuesta que ha sido la poesía y la simulación y/o ficcionalización y no la realidad, con otras palabras, multimodalidad y enmarcamiento (desde la manipulación e intertextualidad cultural, por cierto) para construir un nuevo sentido: *La nueva novela*. No aislado con cada modo, con cada plano, sino unificado con cada modo y con cada plano a través de la simultaneidad de la expresión: de la poliexpresión "como constructores de sentido en múltiples expresiones" (Kress y van Leeuwen (2001) a través de los *factores* del *nivel lingüístico* para llegar *al literario* de producción y/o generación de la obra.

5. Dominante genológica [o del Género literario]

"En literatura y bellas artes, variedades que se distinguen en las creaciones respectivas según el fin a que obedecen, la índole del asunto, el modo de tratarlo, etc., así como en atención a caracteres especiales configurados por la tradición literaria o artística". Así define género la RAE. Pero evidentemente no será esta nuestra única aproximación, sino sólo la base con la cual nos podemos acercar al término actual, si es que es posible hacerlo, claro está. Y especialmente en este caso en que la consciencia del sujeto moderno modifica y ajusta y agota las posibilidades del género literario, lo que se evidencia, por cierto en Martínez.

POLIEXPRESION o ~~la des-integración de las formas~~

Si bien es cierto que aún se usa la triada aristotélica: épica, lírica y dramática; también es cierto que ya no se puede ver de la misma manera, pues cada obra tiene una construcción desde la intención del autor como constructo de un mundo posible, sea este, épico, lírico o dramático. Como también es cierto que tradicionalmente son géneros independientes, estos pueden configurarse en una mima obra pero con tintes más marcados, es decir, algo así como una dominante de los géneros, como una dominante jakobsoniana. Pero otra parte también es cierto que la obra está relacionada con una serie, o sea, según la intención del autor y la recepción se puede relacionar la obra con una serie de otras obras; por lo tanto una obra épica o poética se relaciona con la intencionalidad del autor, pero al mismo tiempo con la lectura del receptor y por lo tanto con sus realidades inmediatamente próximas, tales como sus horizontes de expectativas que se filtran en la percepción o sensopercepción de ésta, en consecuencia se relaciona de inmediato con la noción de serie literaria que ontológica o sociológicamente sincrónica o diacrónicamente sostiene cada cual : el autor y el receptor. Sin embargo debemos tener en cuenta también, que no sólo la definición es necesaria sino también las circunstancias que afectan al texto, vale decir, la determinación como tal, no sólo depende de estas tres clasificaciones tradicionales, sino también de la performatividad, lo que se va construyendo con la base histórica que cada cual tiene de los géneros, pero también con la evolución natural de la misma. Por lo tanto cuando enfrentamos una obra deberemos actuar con astucia, pues ella puede sorprendernos, ya que como adelantamos, la obra no sólo es afectada por el horizonte de expectativa del autor sino también del lector y esto conlleva a una determinación inicial de género, pero no a la del texto como entidad total. Con otras palabras, podemos señalar que:

> atribuye automáticamente un poder de determinación textual a las reglas de género procedentes de la primitiva clasificación expresiva, que ni aquéllas pretendían tener, ni pueden alcanzar, lógicamente, en la realidad de las cosas. La decisión de género determina una opción solamente inicial cuyas reglas constitutivas afectan, sí, a la fisonomía general del texto, pero no al texto como entidad lingüística total. [...] No se deben confundir, pues, dentro del bloque

de información textual, las reglas específicamente genéricas con la totalidad de las reglas performativas de texto, contra lo que a menudo se practica. [...] Esto es así, en primer lugar [...] porque la limitación real de las reglas de género específicas deja amplios espacios de variación para la actuación de las otras reglas performativo-textuales independientes de las de género. En segundo lugar, porque las reglas expresivas de cada género —incluso también las menos delimitadas condiciones simbólico-referenciales— admiten no sólo la composición de las obras por yuxtaposiciones sucesivas, sino otras muchas posibilidades de hibridación y de contaminación posibles. (García Berrio 1992 34-45)

Esto nos obliga entonces a realizar una revisión, aunque somera todavía, de la generalidad que nos asedia sobre el tema, dado que la particularidad ya está resuelta, al verter una dominante cultural y/o trascendente del mero clasificar, es decir, como una relación fenomenológica connatural entre obra y realidad, entre objeto y sujeto, entre estética y visión de mundo desde el establecimiento de la genericidad, pero como una mediación cultural entre el fenómeno artístico y el social, entre el autor y el receptor. De tal forma que a continuación veremos algunas aproximaciones.

5.1. Genericidades

Por ejemplo, Bernard. E. Rollin, refiere a la creación o producción de categorías y a una serie de visos por los cuales se pueden clasificar las obras en literarias o no. Y frente a esta realidad explica que si existen los géneros, pero que serían regulaciones, más bien, convenciones y reglas:

hechas por nosotros en momentos específicos del tiempo, susceptibles de cambio y sustitución [...] convenciones que crean sus propios casos, no codificaciones de la manera en que las cosas deben ser, o, lo que igualmente reviste crucial importancia, de la manera en que las cosas deberían ser. (1981 139)

Lo que para otros, como Alfonso Reyes (1983) implica otra situación o circunstancia, vale decir, se consideran solamente "modalidades accesorias, estratificaciones de una costumbre en una época, predilecciones de las pasajeras escuelas literarias." Pero evidentemente que pueden ser observadas como más que esto, o sea, más que modalidades o clasificaciones, éstas pueden llegar a ser institucionalizaciones, como señala Todorov (1996), ya que "Dentro de una sociedad se institucionaliza el constante recurrir de ciertas propiedades discursivas, y los textos individuales son producidos y percibidos en relación a la norma que constituyen esta codificación" (52). Y más adelante agrega que "un género literario o no, no es otra cosa que esta codificación de las propiedades discursivas." (*Ibid*). Por lo tanto si es así, propiedades discursivas, debemos pensar también que evidencian cambios y desplazamientos, pues los discursos, creemos, son culturalmente dinámicos.

En consecuencia, si seguimos a Todorov del '88: "no ha habido nunca literatura sin géneros, es un sistema en continua transformación, y la cuestión de los orígenes no puede abandonar, históricamente el terreno de los propios géneros: cronológicamente hablando, no hay "antes" de los géneros." (34). Sin embargo esta afirmación nos pone en alerta, pues si hay institucionalización y no ha habido nunca literatura sin género, debemos pensar que esta institucionalización no es otra cosa que la tradición en la cual se insertan los autores, obras y receptores. De modo que, como escribiera Jean Marie Shaeffer (1983): la "genericidad puede explicarse perfectamente como un juego de repeticiones, imitaciones, préstamos, etc., de un texto con respecto a otro, o a otros" (162). Por lo tanto andaría, más bien, entre el autor y la tradición, vale decir, ninguno de los dos puede avanzar sin el otro, en consecuencia estarían inmersos en la cultura propiamente tal y en la historia literaria como también lo sella Genette (1977): "todas las clases, todos los subgéneros, géneros o super-subgéneros, son categorías empíricas, establecidas por la observación del legado histórico [...] por la extrapolación [...] por un movimiento deductivo super-puesto a un primer movimiento todavía inductivo y analítico." (229). De tal suerte que esta marca cultural, trata lucir la dualidad humana y la historicidad, como ya hemos dicho. En efecto y, en términos derridianos, ningún texto pertenece a ningún género, todo texto participaría de uno o muchos géneros en realidad. De modo tal que concluiríamos o, más bien, adelantaríamos una conclusión, que el texto es superior, es decir, es más abarcador, universal, en términos de exploración humana, cultural y el género es una particularidad de la expresión de esta realidad y por lo tanto deberíamos acercarnos a una nueva concepción de texto.

Los estudiosos del área de la lingüística y el discurso proponen que texto es una unidad con sentido, es decir, un todo con significación global, siempre, claro, que cumpla con los siguientes requisitos:

- El texto debe ser una unidad de comunicación.
- Unidad integrada por secuencias lingüísticas.
- Tener un cierre semántico.
- Los enunciados deben estar relacionados en función de unas normas.
- Debe ser coherente.

Y por otra parte debe poseer los siguientes rasgos relevantes:

1. Un carácter *pragmático*. forma parte de un proceso comunicativo en el que adquiere su sentido
2. Un carácter *semántico:* lo caracteriza un significado global.
3. Un carácter *sintáctico*. organización en su estructura interna, ya que los enunciados se relacionan en función de unas reglas.

De modo que una primera aproximación al concepto de texto podemosproponer, por ejemplo que:

es la unidad lingüística comunicativa fundamental,
producto de la actividad verbal humana, que posee siempre

un carácter social; está caracterizado por su cierre temántico y comunicativo, así como por su coherencia profunda y superficial, debido a la intención comunicativa del hablante de crear un texto íntegro y a su estructuración mediante dos tipos de reglas: las propias del nivel textual y las del sistema de la lengua". (Bernárdez 1982 85)

De tal modo que, un texto, no es sólo un texto, si no que, además, tal como lo señalara Lotman en su *Estructura del Texto* artístico es un conjunto sígnico coherente, por lo tanto cualquier conjunto que sea portador de un significado integral. En consecuencia habría que entenderlo como una formación semiótica singular, cerrada en sí, dotada de un significado y una función íntegra y que no descomponible. Del mismo modo indica Schaeffer (2006) intencionando este ámbito escribió que la literatura y la poesía constituyen ámbitos regionales en el seno de un espacio semiótico más vasto. Y esto, ciertamente está determinado por la acción de la creación y por la acción de la lectura o recepción. Lógicamente la de creación mantiene en su conjunto sígnico la idea de una estructura genérica, pero que se distingue por la dominante textual, es decir por el discurso dominante y la actitud lírica que a su vez se ve afectada por la función del lenguaje que eligió el creador y por otra parte la acción de la recepción, que no sólo es llenar un horizonte de expectativa y los espacios vacíos, etc., sino que es al mismo tiempo el reconocimiento del género , más bien de la genericidad, pero desde el punto más particular, o sea, el lector se enriquece o empobrece frente al texto, debido a su contexto. En otras palabras, como escribimos antes en competencia literaria, el lector debe alcanzar el sentido último de la obra en la medida que su competencia literaria se lo permita y para ello la incidencia del contexto cultural de éste es muy relevante. Si bien es cierto, podrá realizar la misma operación que el autor cuando crea la obra, también es cierto que se verá luego afectada por la riqueza o pobreza de su cultura. La genericidad está asegurada por la tradición o naturaleza cultural de nuestros sistemas culturales y educacionales, pero la distinción de ella sólo es posible con la formación literaria, ya que allí tendrá más elementos para desarrollar la competencia. Y esto se prueba de modo muy sencillo: un lector experto no tendrá problemas para allegarse a esta genericidad y adecuarse, según la dominante de la misma, pero un lector no-experto, también podrá referir el género literario clásico desde su estructura más básica. Esto es entonces lo que un conjunto sígnico provocaría, es decir, provocaría y resolvería de inmediato, pues el lector más formado, más experto, más avezado podrá interrelacionarse de inmediato y uno menos experto, menos formado, menos avezado podrá reconocerlo como obras diferenciadas sencillamente, ya que la "genericidad del texto está en todas partes y en ninguna al mismo tiempo" (106).

Y por cierto, esto no es nada ligero, pues en términos bajtínianos esto funcionaría como una dinámica o dialéctica entre lo individual y el desarrollo del género. Lo que según Genette (1977) se podría explicar de la siguiente manera: "el hecho genérico mezcla inextricablemente el hecho natural y el hecho cultural, entre otros [...] ninguna instancia viene totalmente dada por la naturaleza o por el espíritu" (231). Finalmente debemos señalar tal como lo hiciera Derrida que un texto no pertenece a ningún género. Todo texto participa de uno o muchos géneros y de esta forma entonces, colegimos que efectivamente habría una dominante en los géneros tal como nos lo enseñaron con las funciones del lenguaje iakobsonianas, pero al mismo tiempo debemos pensar que las manifestaciones de los géneros no son más que recursos de expresión o, más bien, de intención discursiva, dado que lo que se desea expresar es un sentido y en consecuencia esto es lo más relevante, luego a medida que se va descubriendo a través de la lectura se va conformando la dominante cultural y junto con ello la genericidad.

5.2. Componentes de mediación artística

Y finalmente señalamos, en términos, spanguiano que el género o genericidad está ubicada en lo que él ha ilustrado como componentes formales (2009) y se ubica allí junto con otros dos elementos de relevancia: *los sustratos y los modos*. O sea que, estos elementos permitirían la mediación artística, es decir, pondrían a prueba la competencia, tanto del

POLIEXPRESION o ~~la des-integración de las formas~~

autor como del receptor a través de estos elementos de mediación o de composición, más bien.

Luego la idea de género que ya hemos revisado precedentemente no es suficiente para poder comprender e interpretar una obra, de manera que la alternativa que ofrece Kurt Spang, por ahora es muy plausible, ya que efectivamente nos permitiría comprender, por una parte la genericidad y por otra, la aproximación que puede realizar un lector hoy en día a las obras complejas que hemos llamado poliexpresivas o multimodales.

Los elementos de composición que propone entonces Spang (2009) son:

- Los sustratos, que él define como "una materia precisa de un material en el cual puede <<sensorializar>> lo espiritual" (89), es decir, que "es el conjunto de elementos que usan los artistas para plasmar y materializar sus obras" (90). En consecuencia, el sustrato es "la base sobre la cual se muestran, relacionan y valoran los elementos de la realidad plasmada en la obra de arte" (*Ibid*).
- Los modos, éstos serán entendidos como "las tres posibilidades fundamentales de plasmación artística: la lírica, la épica y la dramática" (92). Además, ha de hacerse la diferenciación entre modalidad: lírica, épica y dramática. Dada esta realidad entonces nos enfrentamos a la posibilidad antropológica o cultural que sienta las bases para tal distinción. Y estas son las que responden a "las exigencias de la vida o lírica o épica o dramática" (*Ibid*) y que son "posibilidades expresivas" (*Ibid*), finalmente.
- Y por último, los géneros. Los que ontológicamente son definidos como "un

ente conceptual que regula la relación entre constantes y variantes, o dicho de otro modo, entre unidad y diversidad" (*Id.*104). Y en tanto materia literaria se ha de entender "como conjunto de determinaciones conceptuales y formales preestablecidas y flexibles" (*Ibid*), pero también Spang escribe que el género artístico puede considerarse como "potencial creativo" (*ergon*) y como una especie de "molde u obra realizada" (*energeia*).

En fin, con estos aportes podemos señalar que la creación en géneros o, más bien, que la aproximación a la genericidad no es posible realizarla sólo como se entendía, sino como un complejo poliexpresivo o multimodal que busca, decisivamente, entender y describir culturalmente el fenómeno de la creación y la recepción de la obra artística literaria y por lo tanto las competencia literaria se ha de hacer cargo desde la fenomenología de la obra, del hecho estético, ya que tanto autor como lector tienen básicamente las mismas competencias, solo que habrá que ver modo, y este es uno, de acercarlas, aproximarlas a esta convivencia fenomenológica que es connatural al ser humano.

---

[36] Esto responde, más bien, a un acercamiento, pues necesitaríamos muchos años más para profundizar estas realidades estéticas. Por ahora una aproximación bastará para comprender o, visualizar, por lo menos la problematización sugerida.

[37] Como señala Richard: haciendo uso de la potencialización y la transposición de los significantes.

[38] Estoy pensando aquí, también, en los planos de composición básica de un texto artístico literario propuesta por Bielic y Vodicka; lo que resulta más gráfico.

[39] Edición Beau Geste Press, Ingland-America Latina. Versión en línea: http://www.memoriachilena.cl/archivos2/pdfs/MC0035939.pdf

[40] La Tirana, que se puede leer como alusión a una leyenda, al nombre del lugar o de la fiesta, pero también como nombre del sujeto, objeto de la ficcionalización y

POLIEXPRESION o la des-integración de las formas

generador del mundo posible. Por lo tanto también se puede leer como un sobrenombre: La Tirana, la que se "tira" a todos y por lo tanto puede ejercer un poder sobre los otros (esta sería la aproximación que el mismo autor defiende), o bien re-presentar una ficcionalización ideogémica apolítica como una re-presentación de una realidad politicocultural, etc. Ver en línea: http://www.memoriachilena.cl/archivos2/pdfs/MC0029973.pdf

[41] Versión en línea: http://www.memoriachilena.cl/archivos2/pdfs/MC0011213.pdf

[42] Aquí el ejercicio del poder es de la autoría como una creación-edición. Situación que se irá notando a medida que transcurre el ensayo.

[43] Pues el autor no sólo da cuenta de la historia, sino que quiere construir una más potente que aquella primera y por lo tanto no sólo usa su talento creador sino su técnica del recorte, como actividad estructuralista si se quiere, para configurar el simulacro deseado y, esta acción de recortar, pegar y ensamblar la llamo editar. Y, claro está, que esta forma conlleva de inmediato a pensar en las formas clásicas del narrador: un narrador omnisciente, pero es un narrador omnisciente editor (manipulador de significantes, ya que está fuera de la historia: creándola, está en el relato y en la narración conteniéndola), pues no sólo opta por narrar sino que elige cómo narrar o crear la narración desde su punto de vista más particular y especialmente en este caso en que debe pasar inadvertida por la discursividad dominante a la cual ella se opondrá siempre, generando, a la vez el rescate de un metarrelato, aparentemente perdido: una ética discursiva, una política escritural. Y esto es el poder intelectual que no todos tenemos y que no sólo se halla el narrativa, sino que también en la lírica como un sustento de mundo posible a través de las actitudes adoptadas por el hablante, que en realidad a esas alturas es un sujeto comprometido con su talento e ingenio y por ello es capaz de manipular positivamente, que es lo que definitivamente hace Martínez, por un lado y por otro, Eltit en narrativa.

[44] Por eso *La nueva novela* es más compleja que la sola asociación a la ficcionalidad de *Alicia...* es un mundo en que se enfrenta a sí mismo pasando revista a su yo y a su época y a su relación con los otros, tal como ocurrió con la obra señalada de Swift, ya que aquí lo que impera es el acto dinámico de la creación (más que Huidobro) en la puesta en marcha de la ironía emanada de la pérdida de sentido, del lenguaje y por lo tanto de la historia. Y por ello la apocaliptisa con la misma técnica gulliveriana y en consecuencia se aparece un factor antes mencionado, pero nunca desarrollado, cual es la Competencia Literaria, pues los únicos que podrían dar con esta lectura y desatar el nudo del tejido, del texto son los que tienen las mismas competencias, es decir, aquellos que comparten, como dice, por ejemplo, Culler: el condicionante socio-cultural que permite el reconocimiento de

la marca +*literario;* l*a* propia *experiencia* de mundo; e*l aprendizaje* de los códigos literarios y las relaciones de intertextualidad y, por supuesto, la particular competencia literaria.

[45] Piénsese como toda la relación sociocultural que va desde la sensopercepción de mundo que tiene cada sujeto hasta la complementariedad con el enciclopedismo que aporta la escuela y, ciertamente, la experiencia del sujeto y su relación intercultural.

[46] Intertextualidad que está determinada, en primera instancia, por la propia realidad del sujeto autor y también del receptor.

[47] Pensando que la correspondencia entre la materialidad del lenguaje, cualquiera sea, con la expresión de éste son también recíprocas entre autor y lector, obra y recepción; dado que se pone en juego la competencia literaria como un todo.

[48] Factores que obedecen a la similitud con Sausurre: Opositivo, referencial y sintáctico y/o con Mendoza y Pascual, especialmente con Bierwisch, cit. por estos autores: en la pág. 30 en el punto 3. De las justificaciones que da este para la competencia literaria: 3) distinción entre rasgos sintácticos, semánticos o fonéticos, en primera instancia.

[49] Piénsese aquí en la expresión como manifestación del pensamiento, sentimiento, emociones, etc, por medio del lenguaje y por lo tanto en una especie de gramática global para llegar a una particular como sería el lenguaje poético. Para ello podemos pensar en Croce, Bally, Iakobson, Bierwisch, etc.

[50] Intertextualidad que más bien funciona como interrelación cultural entre el autor y lector y la cultura a la que ambos pertenecen o deciden encontrarse, no sin antes establecer el "intertexto" con la tradición literaria universal y local.

[51] Ya que toda obra se relaciona entre el lenguaje, el autor y el lector con la espiritualidad que reconoce, finalmente, la belleza.

[52] Nos referimos aquí a la obra que los autores proponen como una revisión de los campos de composición de la obra de arte literaria. *El mundo de las letras. 1972.* 'II La Estructura de la obra literaria" (pp.: 59-97)

[53] Como campo de composición básico. Siguiendo al estructuralismo checo. Dado que aquí el plano de composición es mayor que el lingüístico y el temático.

POLIEXPRESION o ~~la des-integración de las formas~~

Conclusiones

A guisa de conclusión, podemos, en consecuencia, señalar que la literatura de la época en cuestión ha sido modificada o alterada por la aprehensión comprehensiva de la realidad, la cual es una re-presentación, finalmente de ella. En tal caso Martínez aborda la realidad ontológica desde los años '60s, específicamente, el '65 cuando inicia *La nueva novela*. En esta re-presentación triple diría yo: *la re- la re- la realidad*, diría él. Esta no es una exclamación o, más bien, cárcava de la realidad, sino que es una apropiación, una aprenhensión, una comprehensión de ella; por lo tanto lo que hace es vivir una realidad (la re-), aprehenderla (la re-) y comprehenderla (la realidad). Y este sería el punto de partida de su estética, es decir, de la mimesis que realiza. Graduando los tipos y modos de mimetizarla, en consecuencia los tipos nos acercan o nos alejan de la realidad y los modos nos acercan a una nueva forma de genericidad, dado que "el" género no le sirve para mimetizar sino que han de ser varios o todos, pero uno de ellos domina, lo mismo que en la funciones del lenguaje jakobsonianas. De tal suerte que el autor inicia un trabajo arduo de producción estética, no para ocultar la realidad, sin para re-presentarla de modo distinto que podamos hacer eco de este pasmo que es la nueva época que se vive y que no se acepta, pues ni el lenguaje ha servido ya para comunicarse ni menos para trascender el arte. En esta situación, creemos que Martínez hace suya la única posibilidad total ontológica: la poesía. La que le permitía no desaparecer ni él ni la realidad, sino re-presentarla de otro modo y él mismo anonimarse, pero bajo la acción de la poesía, es decir, como un mediador de ella, un provocador, más bien, que sumando a la época, incorpora su historia a través de otras que le precedieron, que le coinciden y que le aportan una sensación, una emoción, una realidad. De manera que la recursividad de la materialidad de su obra no es otra cosa que recoger aquellas realidades o modelos de la realidad que le son necesarias para comprehenderla y subvertirla, ya que no está contento con su época, la vive apocalípticamente, pero consciente, pues conoce que el término apocalipsis no corresponde solamente al libro de las revelaciones sino a la realidad oriental del cambio, de la oportunidad del cambio, pues entiende que el fin del mundo sería el fin ontológico de la ilustración que ha alcanzado su mayoría de edad y casi su jubilación, puesto que la razón no ha servido para dar vida, felicidad y paz al mundo, sino todo lo contrario: muerte. Y todo esto es lo que hay que subvertir, ya que hasta la intelectualidad ha sucumbido a la sola razón.

Las manifestaciones de arte de la época, evidentemente que contienen esta desazón apocalíptica y que algunos advertían como la presencia de la posmodernidad y que años más tarde, Carrasco (1999), indagaría como tipos de manifestaciones, por ejemplo: escritura o poesía neovanguardista, testimonial (sociopolítica), religiosa apocalíptica, etnoculturalista y discurso feminista. Modos que se dieron desde la variación de los '50s, '60s y que se desarrollaron en los '70s y '80s.

Entre esta diversidad por lo tanto se halla Martínez y junto con asumirlo quiere cambiarlo y para ello hace uso de su gusto exquisito de la lectura hasta utilizarla como recurso retórico y por lo tanto allí se verifica su anonimidad, por una parte, o sea, se teje un texto lleno de mixtura en la que subyace el discurso ético-estético Martiniano, ya que la utilización de estos recursos, ya antes mencionados, no sólo son un recortar y aportar una diversidad de modos en una página, sino que es una forma de llevar a cabo una intencionalidad y una actitud ética-estética a través del arte. En consecuencia, todo lo existente sirve de significante, previa significación devenida ya de la intencionalidad del autor, recuérdese que desde la intencionalidad surge tanto el significado como la forma, ya que según los formalistas, la forma obedece al significado o contenido y no al revés.

Martínez entonces hace uso de toda su ingeniosidad, habilidad y competencia artística para revelarnos un mundo en crisis, un mundo en desesperanza, ya que ni 'el lenguaje sirve ya para comunicarse' entonces hay que buscar nuevas formas de hacerlo, pero ética y estéticamente. Y aquí es entonces cuando inicia su quehacer allá por el año '65, con toda esa textualidad de esa época hermosa y convulsa que, en términos recursivos, se transforma en contextualización de las manifestaciones artísticas y culturales de la misma. Por lo tanto la influencia se trasfiere a la opacidad del lenguaje, pero en este caso a la opacidad del significante como materia prima, ya que era inevitable no hacerlo, en principio con ímpetu intelectual y culturalista y luego con un lúdico, ingenioso y opaco, más bien como sistema que contiene otros varios sistemas, como habría escrito Schlegel sobre el romanticismo alemán o como uno semiótico, multimodal, poliexpresivo como se señala hoy.

Luego, para Martínez esta expresión, más bien, poliexpresión, es una posibilidad única de vivir la poesía, pues la poesía para él lo es todo, en consecuencia la mixtura textual que decide usar no es otra cosa que la posibilidad de expresar y armonizar la realidad que ya no lo es tanto. Y para esto efectúa una casi actividad estructuralista bartheana, es decir, realiza un simulacro, o montaje como se llamaba en la época y produce nuevas realidades con recursos tales como las mencionadas con antelación, como por ejemplo: collage, recortes, inter, intra y extratextualidad; elementos concretos; iconografía; otros lenguajes: matemático, científico, geografía; etc. Con estas herramientas entonces poetiza, textualiza, ficcionaliza, pero si no tuviera o no le diera la importancia a su capacidad creativa literaria, o sea, competencia literaria, no hubiera podido re-presentar esta 'nueva [novela] novedad' con la cual, obviamente, remece su entorno y luego el nacional e internacional, pues no sólo por la recursividad reconocida en su obra, pues esta sería muy similar a la vanguardia, sino porque pone en cuestión la genericidad y el canon al mismo tiempo. La genericidad, porque la sola estructura del típico género literario no basta para re-presentar la aprehensión comprehensiva que realiza del mundo, ya que supera ontológica aquella clasificación. En consecuencia, el sistema o multisistema poliexpresivo de la nueva literatura o canon es la manifestación cultural de una época determinada. Y para ésta, no es suficiente la sola información o la sola formación, sino que es necesario recurrir a ambas, al conocimiento y al metaconocimiento que contiene un cuerpo cualquiera en la cultura y en la sociedad, como de la misma manera, a la cognición y metacognición que tenga un receptor cualquiera de estas manifestaciones u obras artístico-literarias. De modo tal que la idea de género que ya hemos revisado precedentemente no es suficiente para poder comprender e interpretar una obra, de manera que la alternativa que ofrece Kurt Spang, por ahora es muy plausible, ya que efectivamente nos permitiría comprender, por una parte la genericidad y por otra, la aproximación que puede realizar un lector hoy en día a las obras complejas que hemos llamado poliexpresivas o multimodales.

Por lo tanto le hemos de dar una mirada a los elementos de composición que propone entonces Spang (2009) son:

- Los sustratos, que él define como "una materia precisa de un material en el cual puede <<sensorializar>> lo espiritual" (89), es decir, que "es el conjunto de elementos que usan los artistas para plasmar y materializar sus obras" (90). En consecuencia, el sustrato es "la base sobre la cual se muestran, relacionan y valoran los elementos de la realidad plasmada en la obra de arte" (90).
- Los modos, éstos serán entendidos como "las tres posibilidades fundamentales de plasmación artística: la lírica, la épica y la dramática" (92). Además, ha de hacerse la diferenciación entre modalidad: lírica, épica y dramática. Dada esta realidad entonces nos enfrentamos a la posibilidad antropológica o cultural que sienta las bases para tal distinción. Y estas son las que responden a "las exigencias de la vida o lírica o épica o dramática" (92) y que son "posibilidades expresivas" (92), finalmente.
- Y por último, los géneros. Los que ontológicamente son definidos como "un ente conceptual que regula la relación entre constantes y variantes, o dicho de otro modo, entre unidad y diversidad" (104). Y en tanto materia literaria se ha de entender "como conjunto de determinaciones conceptuales y formales preestablecidas y flexibles" (104), pero también Spang escribe que el género artístico puede considerarse como "potencial creativo" (*ergon*) y como una especie de "molde u obra realizada" (*energeia*).

En fin, con estos aportes podemos señalar que la creación en géneros o, más bien, que la aproximación a la genericidad no es posible realizarla sólo como se entendía, sino como un complejo poliexpresivo o multimodal que busca, decisivamente, entender y describir culturalmente

POLIEXPRESION o ~~la des-integración de las formas~~

el fenómeno de la creación y la recepción de la obra artística literaria y por lo tanto las competencia literaria se ha de hacer cargo desde la fenomenología de la obra, del hecho estético, ya que tanto autor como lector tienen básicamente las mismas competencias, solo que habrá que ver modo, y este es uno, de acercarlas, aproximarlas a esta convivencia fenomenológica que es connatural al ser humano.

Apréciase entonces en Martínez que el material sensorializador no es único sino mixto, lo mismo que los modos y, por cierto, de esta manera va y viene entre el *ergón* y la *energeia*, pues su realidad es más que dinámica y por lo tanto, si bien es cierto, que se estructura de una forma, también es cierto que se lee de otra y esto hace que la dinámica particular de este autor se asemeje a una obra infinita, no terminada; pero nunca completa.

Pues bien, a través de estos recursos es que se puede probar que son sólo significantes en pos de un significado, vale decir, significantes reificados para asegurar un nuevo significado de aquellos y de la poliexpresión. Y esta reificación formaría parte importante de la competencia literaria, ya que sólo asumiéndola se puede llegar a los otros niveles de ella, o sea, el intuitivo y el literario. Recuérdese aquí que el nivel lingüístico es el que nos atrapa en primer lugar, ya que de él depende la manipulación positiva del significante, del signo en definitiva, pues allí se genera la articulación profunda, vale decir, la opositividad, relatividad y negatividad del significante para poder reificar decisivamente el signo, tanto lingüístico como plástico, iconográfico, concreto, etc.

Una vez conseguido esto, pensamos que Martínez está en condiciones de configurar su obra ética-estética desde una manera superficial, es decir, desde la forma, la que se dispone una mixtura evidente y que se puede identificar en la reflexividad del lenguaje, que básicamente es la fórmula de la espacialidad y el universo en el que se quiere mover y por lo tanto describir de modo diferente, tal como la textualización que usa seguidamente, pues se refiere a la forma o transformación del texto, en primer lugar; y en segundo, a la apropiación de los textos naturales para él: la cultura y la realidad como texto lotmaniano, la plástica, la iconografía, la literatura francesa como extratextos, las operaciones aritméticas, los silogismos, y un largo etc. También se suma a ello la metaforización como opacidad y poetización de los elementos textualizados y por consiguiente la manipulación para significar este nuevo mundo que ficcionaliza, que inventa para nosotros para poder comprenhender el mundo de modo diferente, tal cual él lo ve.

En suma, todas estas realidades descriptas, unas más que otras han sido usadas también en los autores revisados aquí: Vicuña, Bertoni, Zurita y Maquieira, siendo Vicuña la que está más cerca de la producción martiniana, pero que confluyen en un tiempo y un espacio determinado sin saberlo, pues cada uno de ellos no tenía nociones de la existencia del otro en el tiempo real de la escritura, no obstante luego se conoce la Tribu NO y de allí es probable que surjan algunas semejanzas, pero que no son del todo consciente y al mismo tiempo comprobables, ya que al escribirle electrónicamente a Cecilia Vicuña señala que efectivamente ambos existen en los espacios señalados, pero que nunca coincidieron en los mismos. De tal suerte que pudo haber ocurrido una filtración del universo y de la confluencia de las realidades demiúrgicas para que esta similitud se diera, ya que Martínez trabaja entre los años 65 al 71, en primera instancia y luego hasta el 77, en que publica definitivamente su obra. Lo propia realiza Vicuña, pero entre los años 66 (con la Tribu NO) al 73, en que se publica su obra en Londres. También algo similar sucede con Zurita, pero este autor convive situaciones comunes y familiares con Martínez, por lo tanto aquí la influencia es concreta y puede apreciarse en los mismos recursos y algunos tópicos.

A guisa de especificidades concluyentes.

En términos concretos de aproximación innegable debemos señalar que la articulación artística, ético estética que desarrolla Martínez y los poetas estudiados obedecía, más bien, a la realidad cultural y social, es decir, al

POLIEXPRESION o la des-integración de las formas

proceso simultáneo de rechazo y exploración, de polémica y afán creativo, el comportamiento idealista y luchador de muchos escritores de esta generación sin duda tiene correspondencia con una identidad de clase media intelectual enfrentada a una identidad oligárquica individualista, en cuanto conflicto hegemónico, y en alianza con identidades marginales y revolucionarias de doctrina marxista principalmente, que se mantienen en forma paralela. (Carrasco 2008 153)

Todo ello como aproximación a la vanguardia, claro está. Sin embargo, no necesariamente explícito, sino más bien implícito en la ficcionalización, lo que evidentemente nos mueve a otro estadio, al de la problematización de las formas y por lo tanto a la neovanguardia, a la discusión de que si existe o no generación y finalmente si se observa o no el canon o definitivamente se desmonta. Pues bien, en estos términos, *La nueva novela* de Martínez, *Sabor a mí* de Vicuña, *Purgatorio* de Zurita, *La Tirana* de Maquieira y la nueva publicación de los cuadernos de Bertoni con el nombre de *Rápido, antes de llorar* se corresponden con esta relación, con esta revisión y reflexión sobre las formas especialmente que son las que marcan la diferencia, pues la poesía, según Schlegel no cambia, sino el poema, que obediente a su tiempo se transforma, es decir, supera su forma según 'el tiempo que le toca vivir', diríamos en chileno. De tal suerte que las formas sufren un cambio, un cambio que desmonta una realidad a la que estamos acostumbrados, por lo tanto en términos concretos ocurre una disolución de la coherencia racional y de la transracional replegando a las mentes al nivel superficial de la existencia: sólo el presente y la presencia. Y por lo tanto un quiebre en la *praesentia* lingüística y con ello un caos, un absurdo. En definitiva, una desintegración de la forma. Entonces, desde "esta perspectiva del canon como un sistema variable, que se puede aceptar, rechazar o alterar, pero en ningún caso ignorar, perceptible o concebible en distintos niveles de abstracción, podemos hablar de un canon literario chileno y/o hispanoamericano." (Carrasco 2002 9). Pero uno neovanguardista que se suma, adiciona, pues la simultaneidad le hace ver casi como parasitario, o sea, una obra se nutre de otra provocando una mudanza de la forma, y más que eso, sólo provoca al significado desde la nueva posición del significante en el nuevo espacio-texto, vale decir, la desintegración de la forma es sobre la base de la nueva composición del espacio-texto y en forma simultánea de los fragmentos usados en él: texto, con-, extra-, inter-, intra-texto.

Por lo tanto la realidad, evidentemente, ya no es la misma como se adelantó. Según Donald Shaw (1999) el realismo estaba basado en la idea de una realidad objetiva y comprensible, pero formaba parte de eso que él llamaba *antiguo hogar* y con él queda destruido, es decir con la antigua forma...

> Entonces el escritor se encuentra ante la alternativa de modificar su visión de la realidad, de modo que incluya *el irracional misterio de la existencia*, o bien rechazar por completo la noción de una relación directa entre realidad y arte. La mayoría de las novedades técnicas y estilísticas típicas de la nueva novela resultan de la conciencia del autor de encontrarse ante esta alternativa" (242 – 243).

Pero junto con ello es menester señalar que la simultaneidad también se hace cuerpo en estas nuevas manifestaciones, en esta nueva forma, cuya primera desintegración es que ya "no remiten como signo a la realidad, sino que son realidad" (Bürger 1987 142). Dado que "la obra de arte se transforma esencialmente al admitir en su seno fragmentos de realidad" (*Ibid*).

En consecuencia la simultaneidad ayuda a introducir este cambio, esta mutación de la realidad en las formas desde la ubicación en el mismo espacio-texto de fragmentos reales de la existencia con otros irreales, ficticios e ilógicos y al mismo tiempo de modos o géneros literarios o manifestaciones culturales.

BIBLIOGRAFIA

Aguiar E Silva, Vítor Manuel de. *Teoría de la literatura.* Editorial Gredos. Madrid. España. 2005.

Alone. "Crónica literaria", *El Mercurio,* 14 de julio, 1968.

Anderson Imbert, Enrique. *Historia de la literatura hispanoamericana.* México. Fondo de Cultura Económica. 1954.

Álvarez Amorós, José Antonio [et al.]. *Teoría literaria y enseñanza de la literatura.* Editorial Ariel. Barcelona. 2004.

Amícola, José y Diego, José Luis de. *La teoría literaria hoy: conceptos, enfoques, debates.* Ediciones al Margen. La Plata. Bs As. Argentina. 2008.

Arrom, José Juan. *Esquema generacional de las letras hispanoamericanas.* Bogotá. Publicaciones del Instituto Caro y Cuervo XXXIX. 1977.

Bajtín, Mijail. *Estética de la creación verbal,* Siglo Veintiuno, México D.F. 1990.

Barthes, Ronald. Cit en Marchese, A; Forradellas, J. Diccionario de retórica, crítica y terminología literaria. Barcelona, Ariel. 1987.

Bernard. E. Rollin. *Teoría de los géneros literarios.* "Naturaleza, convención y teoría del género", 1981.

Bertoni, Claudio. *Rápido, antes de llorar.* Santiago de Chile: Eds. Universidad Diego Portales. 2007.

Biagini, Hugo y Roig, Arturo. *Diccionario del pensamiento alternativo.* Ediciones UNLa. Buenos Aires. 2008

Bloom, Harold. *Descontrucción y crítica.* 1ª edición en español. Siglo XXI Editores. 2003.

---. *Cómo leer y por qué leer.* Editorial Norma. 2000.

Bürger, Peter. *Teoría de la Vanguardia*, Barcelona, Ed. Península. 1987.

Brunner, J. J. "Campo artístico, escena de avanzada y autoritarismo en Chile". En *Arte en Chile desde 1973*. FLACSO en 1986. Pp.: 57-67.

Campos, Javier. "La poesía chilena joven en el período 1961-1973". En *La Poesía Chilena Actual (1960-1984) y la crítica*. Ricardo Yamal. Ediciones LAR. 1988. Pp.: 19-49.

Carrasco, Iván. 2008. "Procesos de canonización de la literatura chilena". Revista Chilena de Literatura N° 73. Pp.: 139-161.

---. "Interdisciplinariedad, interculturalidad y canon en la poesía chilena e hispanoamericana actual". *Estudios Filológicos* N°37 (2002): 199-210.

---. "Tendencias de la poesía chilena en el siglo XX". *Anales de Literatura Hispanoamericana*. N°28. (1999) Pp.: 157-169

---. *Para leer a Nicanor Parra*. "I. El discurso de la crisis". Ediciones Universidad Nacional Andrés Bello.1999.

---. "Poesía chilena de la última década (1977-1987)". *Revista Chilena de Literatura* N°33. 1989. Pp.: 31-46.

---. "Antipoesía y Neovanguardia". *Revista Estudios Filológicos*. N°23. 1988. Pp.: 35-53.

Carilla, Emilio. *El Romanticismo en la América Hispana*. Editorial Gredos, Madrid, 1958.

Culler, Jonathan. *Breve introducción a la teoría literaria*. Editorial Crítica. Barcelona. España. 2004.

Cussen, Felipe. "Haré que Dios exista: Claudio Bertoni y La Teología Negativa". *Revista Chilena de Literatura*, Universidad de Chile. Número 81, (2012) 5 – 24.

POLIEXPRESION o la des-integración de las formas

Derrida. J. *Parages*. Paris. Galilèe. 1986.

Díaz Tejera, A. "Precisión al concepto de mimesis en Aristóteles". *Serta Philologica, t. I*, Madrid. Cátedra (1983): 179-86.

Epple, Juan Armando. "Nuevos territorios de la poesía chilena", En *La Poesía Chilena Actual (1960-1984) y la crítica*. Ricardo Yamal. Ediciones LAR. 1988. Pp.: 51-71.

Eyzaguirre, José Ignacio Víctor. XI capítulo. *Historia Eclesiástica, Política y Literaria de Chile*. Tomo II. Pp.: 282-294. Imprenta Europea, de Ezquerra y Gil. Valparaíso. Chile. 1850.

Foster, Hal. *El Retorno de lo Real*. Madrid: Akal. 2001.

Foxley, Carmen. "Raúl Zurita y la propuesta autorreflexiva de Anteparaíso". En *La poesía chilena actual (1960-1984) y la crítica* de Ricardo Yamal. Chile: Ediciones Lar. 1988.

Gadamer, Hans Georg. *Poema y diálogo. Ensayos sobre los poetas alemanes más significativos del siglo XX*. Barcelona: Gedisa. 1993.

Galindo, O. "Registro y transcripción testimonial en la poesía chilena actual. Lihn, Zurita". *Estudios Filológicos* 38 (2003): 19-29.

---. "Mutaciones disciplinarias en la poesía de Enrique Lihn". *Estudios Filológicos* 37 (2002): 225-240.

García Berrio, A. y Huerta Calvo, J. *Los géneros literarios: sistema e historia*. Madrid, Cátedra, 1992.

García Berrio, A. (1993): «El debate de los géneros como cuestión sintomática de la Teoría literaria actual», in I. Paraíso (coord.): *Retos actuales de la Teoría literaria*, Valladolid, Universidad de Valladolid, 1993, pp. 31-49.

Genette, Gérard. "Género, 'tipos', modos". En M. A. Garrido Gallardo *Teoría de los géneros literarios*, Madrid, Arco Libros. 1988. Pp: 183-233

Goic, Cedomil. *Historia y Crítica de la Literatura Hispanoamericana*, Barcelona, Editorial Crítica, Vol. 3. 1988.

---. *Historia de la novela hispanomaericana*. Valparaíso: Ediciones Universitarias de Valparaíso.1972.

---. *La novela chilena: los mitos degradados*. Santiago de Chile: Editorial Universitaria. 1968.

Habermas, Jünger. "La modernidad, un proyecto incompleto". En Foster, Hal. *La Posmodernidad*. Editorial Kairós. Séptima edición. Barcelona. 2008. Pp.: 19-36.

Henríquez Ureña, Pedro. *Las corrientes literarias en la América hispánica*. México: Fondo de Cultura Económica. 1949.

Jameson, Fredric. "Posmodernismo y sociedad de consumo". En Foster, Hal. *La Posmodernidad*. Editorial Kairós. Séptima edición. Barcelona. 2008. Pp.:165-186.

---. "El posmodernismo como dominante cultural". *Ensayos sobre el posmodernismo*. Traducido por Esther Pérez, Christian Ferrer y Sonia Mazzco. Compilado por Horacio Tarcus. Ediciones Imago Mundi, Buenos Aires. 1991.

Koselleck, Reinhart. *Futuro pasado. Para una semántica de los tiempos históricos*, Paidós, Barcelona. 1993.

Lastarria, *José Victorino. Discurso de Incorporación*. Sociedad de Literatura de Santiago. Publicación de la Sociedad Literaria. Imprenta de M. Rivadeneira. Valparaíso. 1842.

Llovet, Jordi. *Teoría literaria y literatura comparada*. Editorial Ariel. Barcelona. 2005.

Mansilla Torres, Sergio. "Lírica chilena de fin de siglo: la "revolución neoliberal" y su representación poética en la poesía post Neruda". Originalmente publicado en *L'Ordinaire Latino American 194*. IPEALT, Université de Tolouse-Le Mirail. (2003). Pp.: 33-40.

Martínez, Juan Luis. *La nueva novela.* **Editorial Archivo. (1977) 1985.**

Melfi, Domingo. *Estudios de la literatura chilena*. Editorial Nascimento. Santiago de Chile. 1938.

Mignolo, Walter. "Los cánones y (más allá de) las fronteras culturales (o ¿de quién es el canon del que hablamos?)". En Sullà, Enric. *El canon literario*. Madrid. ARCO/LIBROS, S. L. 1998. pp.: 237-270.

Miranda, Paula. "Para qué podría servir la poesía". *Rev. Taller de Letras N° 40*, PUC. (2007). Pp.: 183-188.

Montealegre, Jorge. "Generación NN". Revista *Casa de las Américas 182*. (1991). Pp.: 123-125.

---. Revista *Hoy*. Junio. 1983.

Muñoz, Luis y OELKER, Dieter. *Diccionario de Movimientos y grupos literarios chilenos*. Ediciones Universidad de Concepción. 1993. También en línea: http://www.memoriachilena.cl/602/w3-article-9862.html

Nómez, Naím. *Antología crítica de la poesía chilena*. Tomo II. LOM ediciones. Santiago de Chile.2000.

---. *Antología crítica de la poesía chilena*. Tomo I. LOM ediciones. Santiago de Chile. 1996.

Osorio, Nelson. "Prólogo". *Manifiestos, proclamas y polémicas de la vanguardia literaria hispanoamericana*. Biblioteca Ayacucho. Caracas, Venezuela. 1988.

---. *Las letras hispanoamericanas en el siglo XIX*. Cuadernos de América sin nombre N°1. Co- Edición Universidad de Alicante y Universidad Santiago de Chile. 2000.

Recanati. *La Transparencia y la Enunciación. Introducción a la Pragmática*. Hachette. Bs As. Argentina. 1979.

Reyes, Alfonso. "*Apolo o de la literatura*". *La Experiencia Literaria*. México: Fondo de Cultura Económica. 1983.

Río del, Víctor. "El concepto de neovanguardia en el origen de las teorías del arte posmoderno". En AAVV. *Octavas falsas. Materiales de arte y estética* 2. Editorial Luso-Española. 2006.

Roblero Cum, María Ester. "Juan Luis Martínez: Me complace irradiar una Identidad Velada". Entrevista en *Revista de Libros. N° 202*. EL MERCURIO. (14 de marzo. 1993) 1; 4-5.

Rojo, Grinor. *Diez tesis sobre la crítica*. LOM ediciones. Colección Texto sobre Texto. Primera edición. Santiago. 2001.

---. *Crítica del Exilio. Ensayos sobre literatura latinoamericana actual*. Pehuén Editores Ltda. Santiago. 1987.

Rosas Godoy, Jorge. *La nueva novela. Aproximaciones a una estética de los nuevos tiempos*. Editorial Académica Española. 2012.

--- . *(NEO)MODERNISMO EN LA NUEVA NOVELA DE JUAN LUIS MARTÍNEZ*. Tesis para optar al título de Profesor de

Enseñanza Media en Castellano. Universidad del Bío Bío. Facultad de Educación. Depto de Letras. Chillán. 1996.

Sánchez, María Teresa. "7. La enseñanza de la literatura en el nivel polimodal. Una reflexión crítica". *Revista Pilquen*. Sección Ciencias Sociales. Año VI N° 6. CURZA Universidad Nacional del Comahue. 2004. En línea: http://www.revistapilquen.com.ar/CienciasSociales/Sociales6/6_Sanchez_Polimodal.pdf

Schaeffer, Jean-Marie. *¿Qué es un género literario?* Akal, Madrid. 2006.

---. "Del texto al género. Notas sobre la problemática genérica". En M. A. Garrido Gallardo *Teoría de los géneros literarios*, Madrid, Arco Libros. 1988. 155-179.

Schopf, Federico. *Del vanguardismo a la antipoesía: ensayos sobre la poesía en Chile*. LOM ediciones. Santiago de Chile.2000.

Shaw, Donald. *Nueva Narrativa Hispanoamericana*. Editorial Cátedra, Madrid. 1989.

Spang, Kurt *El arte de la literatura. Otra teoría de la literatura*. Ediciones Universidad de Navarra, S.A. Pamplona. España. 2009.

---. "Mímesis, ficción y verosimilitud en la creación literaria", *Anuario Filosófico XVII* (1984): 153-159.

Silva Castro, Raúl. "Romanticismo y Literatura Chilena". En *Revista ATENEA* N°395. (1962) 139-150. En línea: http://www.memoriachilena.cl/archivos2/pdfs/MC0001140.pdf

Skármeta, Antonio. "Novela chilena: Otra vuelta a la tuerca", *Revista Ercilla* N° 1.775. (10 de julio, 1968)

Todorov, Tzvetan. *Los géneros del discurso*. Caracas, Monte Ávila Editores. 1996.

---. "El origen de los géneros". En *Teoría de los géneros literarios*. Madrid, Arco, 1988.

Trafa, Sylvia. *Diamela Eltit: el rito de pasaje como estrategia textual*. RIL editores. 1998.

Ulmer, Gregory. "El objeto de la poscrítica". En Foster, Hal. *La Posmodernidad*. Editorial Kairós. Séptima edición. Barcelona. 2008. Pp.: 125-163.

Vicuña, Cecilia. *Sabor a mí*. Inglaterra: Beau Geste Press, 1973.

Villegas, Juan. *Teoría de la historia literaria y poesía lírica*. Girol Books, Inc. 2° edición. Canadá. 1999.

Lincografía.

Bello, Javier. "Los Náufragos: Poetas de los '90." *Proyecto Retablo de Literatura Chilena*. Facultad de Filosofía y Humanidades y Sistema de Servicios de Información y Bibliotecas. Universidad de Chile. (2006). [citada el 07/01/2008] Disponible online en: http://www.uchile.cl/cultura/poetasjovenes/framenaufragos.htm

Cuadros, Ricardo. "La periodización generacional de Cedomil Goic". En *Contra el método generacional*. (2005) http://www.critica.cl/html/rcuadros_10.htm

Chandía Fica, Bernardo y RODRÍGUEZ SAAVEDRA, Sergio. "Intimidad urbana, huellas de los últimos poetas del siglo veinte". En *Revista Cyber Humanitatis*. Facultad de Filosofía y Humanidades. Universidad de Chile. Otoño N°14. Texto n°11. (2000) [citada el

15/12/2007] Disponible online en: http://www2.cyberhumanitatis.uchile.cl/14/tx11chandiayrod.html ISSN 0717-2869.

Espinoza Guerra, Julio. "Poesía chilena: el grupo de poetas del '70 o la supuesta generación del '80". (2005). Disponible online en http://www.letras.s5.com/je240905.htm cuyo original fue publicado en la *Revista Galerna, N° 3*, de la Universidad Estatal de Montclair. USA. 2005.

Insúa Cereceda, Mariela. "La creación de mundos posibles en el modo lírico". Documentos Lingüísticos y Literarios 28. 2005: 40-44. Web. 23 de ag. 2011. www.humanidades.uach.cl/documentos_linguisticos/document.php?id=82 Jofré, Manuel. "Algunos temas y problemas de la literatura" [citada en 12/12/2007] Disponible online en: http://manueljofre.blogspot.com/2005/08/algunos-temas-y-probleemas-de-la.html

Llanos Mardones, Bernardita. El sujeto explosionado: Eltit y la geografía del discurso del padre. *Lit. lingüíst.* [on line]. 1997, n.10 [citado 2011-07-20], pp. 29-31. Disponible online en: http://www.scielo.cl/scielo.php?script=sci_arttext&pid=S071658111997001000002&lng=es&nrm=iso. ISSN 0716-5811. doi: 10.4067/S0716-58111997001000002

Memoria Chilena. 2004. "Poetas chilenos de la década de los '80. Presentación" http://www.memoriachilena.cl/temas/index.asp?id_ut=poetaschilenosdeladecadade1980

Molano, Mario Alejandro. 2012. "Desafíos para una teoría del arte: experiencia estética, institución y función social". *Aisthesis"* n°51 [citado 2013-03-21], pp. 79-92. Disponible online en: http://www.scielo.cl/scielo.php?script=sci_arttext&pid=S0718-

71812012000100005&lng=es&nrm=iso . ISSN 0718-7181. doi: 10.4067/S0718-71812012000100005.

Morales, Andrés. 2000. "La poesía de la generación de los 80: valoración de fin de siglo".
http://www2.cyberhumanitatis.uchile.cl/13/tx18.html
Universidad de Chile [citado el 15/12/2007]

Rosas Godoy, Jorge. 2006. Tesis doctoral. *La nueva novela o la lógica de la ilusión: una estética de los nuevos tiempos.* Universidad de Chile. Disponible on line en
http://www.cybertesis.cl/tesis/uchile/2006/rosas_j/html/index-frames.html

Sanzana, Isaac. "Inclusión y exclusión: la antología de la polémica". 2008. Revista Borradores Vol. VIII-IX. Universidad Nacional de Río Cuarto. Argentina. Pág. 02. Versión PDF del artículo online http://www.unrc.edu.ar/publicar/borradores/Vol89/pdf/Inclusion%20y%20exclusion%20-%20la%20antologia%20de%20la%20polemica.pdf consultado el 18/11/2009.

Argus-*a*

Artes y Humanidades / Arts and Humanities

Los Ángeles – Buenos Aires

2016

www.ingramcontent.com/pod-product-compliance
Lightning Source LLC
Chambersburg PA
CBHW020653220526
45464CB00001B/420